1967年，二十出头的三毛带着失恋的情伤，
来到了西班牙马德里，
就读于康普斯顿大学的哲学系。
马德里是三毛踏上的第一片西班牙土地，
同时也贯穿了她今后的整个人生。

接着，我站起来，他也跟着站起来，

一起走到马德里皇宫的一个公园里，园里有个小坡，

我跟他说：“我站在这里看你走，这是最后一次看你，你永远不要再回来了。”

——三毛《一个男孩子的爱情》

我决定去塞哥维亚城，

看望老友夏米叶·葛罗，是一时的决定。

这个在雪山附近的小城，是西班牙所有美的小城中，

以罗马式建筑及古迹著称于世的。

——三毛《去年的冬天》

如果有来生，要做一棵树，站成永恒。
没有悲欢的姿势，
一半在尘土里安详，一半在风里飞扬；
一半洒落荫凉，一半沐浴阳光。
非常沉默、非常骄傲，从不依靠、从不寻找。

在山城重庆，有一条始于唐、兴于宋、
盛于明清的黄葛古道，
古道两边，遍布着参天的黄桷树；
古道的尽头，
是一个因黄桷树而得名的小镇黄桷垭。
1943 年的烟花三月，
三毛出生在这个长满黄桷树的小镇上。

我举目望去，无际的黄沙上有寂寞的大风呜咽地吹过，
天，是高的，地是沉厚雄壮而安静的。
正是黄昏，落日将沙漠染成鲜血的红色，凄艳恐怖。

近乎初冬的气候，在原本期待着炎热烈日的心情下，
大地化转为一片诗意的苍凉。

——三毛《撒哈拉的故事》

黄昏是一天最美丽的时刻，
愿每一颗流浪的心，在一盏灯光下，
得到永远的归宿。

黄昏的阳台上，对着大海，半杯红酒，几碟小菜，
再加一盘象棋，静静的对弈到天上的星星由海中升起。
有时候我在阳台上坐着跟荷西看渔船打鱼，
夕阳晚照，凉风徐来，我摸摸他的颈子，竟会无端落泪。

——三毛《梦里花落知多少》

三毛传

慕如雪 著

心若没有栖息的地方，
到哪里都是流浪

天津出版传媒集团
天津人民出版社

图书在版编目（CIP）数据

三毛传：心若没有栖息的地方，到哪里都是流浪 / 慕如雪著. -- 天津：天津人民出版社, 2020.9
ISBN 978-7-201-16317-8

Ⅰ.①三… Ⅱ.①慕… Ⅲ.①三毛（1943-1991）－传记 Ⅳ.①K825.6

中国版本图书馆CIP数据核字(2020)第135918号

三毛传　心若没有栖息的地方，到哪里都是流浪
SANMAO ZHUAN XIN RUO MEIYOU QIXI DE DIFANG, DAO NALI DOUSHI LIULANG

出　　版　天津人民出版社
出 版 人　刘　庆
地　　址　天津市和平区西康路35号康岳大厦
邮政编码　300051
邮购电话　（022）23332469
网　　址　http://www.tjrmcbs.com
电子信箱　reader@tjrmcbs.com

责任编辑　佟　鑫
装帧设计　杨　龙

印　　刷　天津丰富彩艺印刷有限公司
经　　销　新华书店
开　　本　880毫米×1230毫米　1/32
印　　张　9.25
字　　数　165千字
版次印次　2020年9月第1版　2020年9月第1次印刷
定　　价　60.00元

序

流浪啊，流浪

爱上三毛，源于文字；爱上文字，也始于三毛。

当时，我只有十几岁，是一名高中生，从同学那儿看到一本《万水千山走遍》，作者是三毛。先记住了“走遍”两个字，再记住了“三毛”这个名字，就想原来“三毛”也可以用来做名字啊。于是，就记住了三毛；自然，也记住了她的文字。她的文字，平直中透着亲切，让我心生欢喜。读她的文章，就像和一个熟人促膝谈心，她就坐在你的面前，慢慢讲、慢慢聊，而你就慢慢听、慢慢想，慢慢在她的文字里感受着生活的笑与泪。

三毛是一个爱生活的女子。她爱生活，不是一般的爱，爱到在撒哈拉沙漠那样荒凉的地方，能把租来的房子打造成全沙漠最漂亮的家；爱到在有清泉流淌的小山上看到一座破旧的红砖房，就要迫不及待地租来变成梦中小屋；爱到把捡来的东西拼拼剪剪，洗洗画画就能变成一件件艺术品；爱到把生活的点滴真情完整地记录下来，形成精美的文字。她的爱，透着真性情。

她是一个传奇。世上写作的女子那样多，独她，写自己的家长里短、柴米油盐、昨日烟火，就被大家喜爱和追随，被大家记在心里。

她是世间的精灵。小时候，就开始演绎传奇：没有人敢到坟地里去，她敢；没有人敢把秋千荡到天上，她敢；没有人三岁的时候就敢和父亲“叫板”改名字，她敢……

她是一个谜。

这个谜一样的女子，出生在重庆，出生在烟花三月，出生在一个有深厚文化底蕴的律师家庭。她的爸爸和伯伯都是律师，妈妈虽然在家里料理家务，但也曾经是学校里的高才生，她很好地承袭了父亲的聪慧和母亲的执着。

她出生在战争年代，注定人生风雨飘摇，同时也注定了她的一生与漂泊和流浪形影不离。

三毛是纯真的、执着的，也是容易受伤的。她先后经历了几段人生低谷，她伤了。为了疗伤，她去了西班牙，转而又游走欧洲，试图用异域的不同环境来抚平自己心灵的伤口。谁知道此举却打开了她流浪的大门，她开始来往于中国台湾和欧洲之间，成了一叶无根的浮萍。

在来来往往间，遇到荷西。

荷西，这个留着胡子的西班牙大男孩，第一次见面就爱上了她，之后等了她六年，又先她一步去了她想一睹风采的撒哈拉。两个人在这片沙漠，演绎了一段凄美的爱情。这份爱情，引得许多人对撒哈拉沙漠产生了向往。其实他们真正向往的，是三毛的爱情、三毛的洒脱。

也只因洒脱，她才可以有那样多说走就走的旅行，她才可以心无挂碍。

三毛的一生都在流浪，和荷西相爱的时光是她的灵魂小憩。荷西去世后，她又背起了行囊。

她已经习惯了流浪，于她，流浪即是归途。她流浪，更多的是在寻找，寻找能安放灵魂的地方。

目录

第三章　痴锦年，流浪渡情殇

第四章　壮美华年寻前梦，情定黄沙

第五章　梦里繁花终落尽，肠断归乡

第六章　悲情往事成追忆，泪洒成殇

第一章　初成长，陈家新芽

山城有女

在山城重庆，有一条始于唐、兴于宋、盛于明清的黄葛古道，古道两边，遍布着参天的黄桷树；古道的尽头，是一个因黄桷树而得名的小镇黄桷垭。黄桷树高大葳蕤，并不遵循“春发芽，秋落叶”的常理，而是什么时候栽种，什么时候落叶，树木栽种的时间不同，落叶的时间也不同，它在装点着小镇的同时，也给小镇带来了无限生机。

这个被黄桷树环绕的小镇，多年来一直流传着一首脍炙人口的歌谣：黄桷垭，黄桷垭，黄桷垭下有人家，生了儿子会打仗，生了女儿写文章。歌谣被传唱了几百年，最后应验在一个女孩子身上，这个女孩叫陈懋平，后来被她自己改成陈平。她还有另外一个响亮的名字：三毛。

1943年的烟花三月，三毛出生在这个长满黄桷树的小镇上。她是家里的第二个孩子，也是第二个女儿。她的到来，没有给家里带来半点失落，相反增添了许多欢乐，因为他们一家刚从战区过来不久，需要这样的喜气冲走战争带来的凄楚。尤其是父亲陈嗣庆，更是抱着这个小小的婴儿舍不得放手，直接取名陈懋平。“懋”是族谱上排下来的字，而“平”则是对孩子的愿望和期许。当时烽火连天，几无宁日，不知道什么时候是个尽头，他把“和平”的“平”字给了女儿，即是希望能早日结束战争，天下太平。

陈嗣庆多年以后在自己的文章里说：“我是给了她一个‘和平大使’的使命。”

刚刚经历了生产之痛的母亲缪进兰，也渐渐恢复了力气，充满慈爱地看着丈夫手中的婴孩。作为母亲，她非常赞同丈夫取的名字，却没有丈夫那样远大的奢望，只希望这个孩子能平安长大。

缪进兰是大户人家的小姐，19岁的时候，通过相亲认识了在上海做律师的陈嗣庆，并被其散发的魅力所吸引，交往一年后，不顾家族反对与其结婚。当时她已经考取了上海沪江大学新闻系，为了爱情，她自愿放弃学业，甘愿“洗手做羹汤”，可谓是为爱痴狂。

然而，她的婚后生活却没有想象中那么平安圆满。陈嗣庆一直不甘于在沦陷区生活，婚后没多久就去了重庆。缪进兰当时怀有身孕，不便于长途跋涉，没有办法同行，便随父母留在了上海生活。

缪进兰和父母生活半年后，大女儿陈田心出生。爱女降临，让缪进兰开心不已，但是随即也尝到了初为人母的艰辛，她初出校园，很多事情都难以应付自如。父母实在不忍心看他们夫妻长久别离，更不愿意看女儿一个人扛起生活的重担，便鼓励她到重庆找陈嗣庆。艰难地生活大半年后，她动身赴渝。没有人护送，更没有人同行，只身一人，还带着不足周岁的大女儿，从战火纷飞的上海出发去重庆，一路上的惊险辛苦自不必说。

虽然最后得以团圆，但是那份背井离乡的苦楚，让她一辈子也无法忘怀。她希望眼前这个小女儿不要像她一样颠沛流离。

陈嗣庆之所以对女儿有那样高远的期许也和自己家族有关。据陈家家谱记载，陈家祖籍河南，为了躲避战争和灾祸，先人从河南出发，一步步到了浙江，又到了舟山定海。可是战争却从来没有停止过，陈嗣庆的父亲陈宗绪幼时，战乱又起，家庭十分贫困，他 14 岁就只身奔赴上海谋生。而陈嗣庆为了躲避战乱，把家搬到了重庆，纵观几代人，都是在战乱中辗转。他尽管知道女儿的降生不能改变什么，但还是把祈望和平的愿望许在了这个刚刚降生的孩子身上。

这个刚出生的孩子，不负众望，还真给他们这个逃难的大家庭

增添了不少喜气，使家里人暂时忘记了战争带来的烦恼。只是动荡的时局没有给人太多喘息的时间，三毛刚出生不久，战火就烧到了重庆，战机在头上盘旋，空中时不时会响起警报。局势一天比一天严峻。

陈嗣庆在上海时是一名律师，到了重庆，和哥哥共同经营一家律师事务所，并且和哥哥一家住在一起。缪进兰到了重庆，同样住在哥哥家的房子里。平日里，陈嗣庆和哥哥外出做事，缪进兰在家中照顾孩子和料理家务。警报响起的时候，所有人都会躲到防空洞里去。缪进兰的两个孩子都太小，需要照应，而她又没办法同时抱两个孩子，就往大女儿陈田心的手里塞一个馒头，嘱咐她牵住自己的衣襟，自己抱着三毛进入防空洞。

这在当时实在是不得已的策略，却惹来了大女儿陈田心的诸多不满，多年后回忆起来还说，妈妈当年从来不抱自己。

境况艰辛，饮食上也是万分艰难。营养不够，缪进兰没有多少奶水，又没有多少钱买奶粉，只能用糕饼喂小三毛。三毛是早产儿，加上营养不良，导致身体一直都不太好，病痛总是困扰着她。不过万幸的是，小三毛还是在家人的细心呵护下长大了，而且还呈现出了与普通小女孩不一样的特质：天不怕地不怕。

陈家院子里，有一棵高大的黄桷树，黄桷树下有一个秋千架，没有空袭的日子，小三毛最喜欢做的事情就是和姐姐到这里荡秋千。和别人荡秋千不同，三毛总是嫌秋千荡得不够高，她用很大的力气把秋千荡得很高很高，高得父亲看见了都害怕，姐姐更是在下面大喊：“不要再高了，再高你就要掉下去了。”可是，这些话丝毫不能吓到小三毛，她依旧把秋千荡得很高。以至于多年以后，三毛的姐姐陈田心由衷慨叹：可能她生命里那种勇敢和无所畏惧是天生就有的。

除了天不怕地不怕，三毛身体里还有一种强烈的反叛精神。最能体现这种精神的是改名字这件事。

陈嗣庆是一名律师，更是复旦大学的优秀学子，博学多才，又对这个女儿寄予厚望，所以在三毛很小的时候就开始教她写名字。一天，写到那个“懋”字的时候，因为笔画太多，三毛怎么也写不对，干脆放下笔和父亲谈判，把这个字从名字里抹去，直接叫陈平。父亲当然是不同意的，可是三毛却再也不用这个字，而且也把弟弟的名字改掉，让父亲哭笑不得，只好依从了她。很多年后，父亲在文章中提到这段改名字的往事，无奈地说：“她连名字都自己取，我也真是没办法了。”

除了以上两点之外，三毛还对什么事情都有强烈的好奇心。与一

般的孩子相比，她的好奇心极重，陈家院子中有一口大水缸，家人害怕孩子们发生危险，总是吩咐孩子不要到水缸周边玩。别的孩子都远远地躲着走，只有她，不仅不绕着走，还总是对水缸充满了好奇，经常跃跃欲试。有一天趁大家吃午饭的时候，她把身子倒立进了水缸里，缸里有一半的水，她在水缸里挣扎，浑身都湿透了，还好大伯刚好从旁边经过，听到水声，把她从缸里拉了上来。天知道晚些时候会发生什么事情。

所以，幼时的三毛虽然给大家带来了无尽的欢乐，但是也让大家头痛，是一个名副其实的“问题小孩”。

其实，三毛后来之所以能在世界上率性潇洒行走，在文坛留下灿烂的一笔，都和她自身的特质息息相关，她的任性而行、潇洒随性，像极了守护着黄桷垭的生命树——黄桷树。

三毛就像一棵树，只有树，才能任性而生、随性而长，才能决定自己在哪里生根发芽。三毛不仅像树，她就是树，一棵行走的树，从黄桷垭这个小镇启程，一步步走到中国台湾，走到西班牙，走到撒哈拉，走到大加那利，走到南美，走到欧洲，走了几十个国家，踏遍了半个世界，把自己的一生，活成别人的十世，把自己走成了传奇，把浪迹天涯作为她的诗和远方。

她有一段精美的文字，写自己对于树的向往：如果有来生，要做一棵树，站成永恒。没有悲欢的姿势，一半在尘土里安详，一半在风里飞扬；一半洒落荫凉，一半沐浴阳光。非常沉默、非常骄傲，从不依靠、从不寻找。

不一样的陈家老二

三毛在这个长着黄桷树的院子里，长到了两岁多。儿童的世界快乐、简单，所以，虽然当时烽烟四起、战火不断，家里经常为生活担忧，但是对小三毛没有多少影响，她依旧无忧无虑、天真无邪。只不过她骨子里的天性，让她变得和别的孩子有些不一样，她不喜欢洋娃娃、过家家，甚至不喜欢热闹，她最喜欢做的事情是一个人玩儿。

让人不可思议的是，三毛居然喜欢在坟场里玩。

陈家的房子后面是一片坟场，这里是三毛最喜欢去的地方，几乎每天都要光顾几次。每和姐姐在院子里荡秋千玩累了，她都要到坟地里去玩一会儿。有一次，两个人在院子里荡秋千，天黑了，姐姐让她赶紧下来，回到房间里去，她从秋千上跳下来后，却跑到坟地里转了一大圈才返回来。三毛的姐姐后来回忆说，好像她不到那里面去转一下，就觉得不舒服。

在坟地里坐上一天，更是常有的事。很多时候她都一个人跑到坟地里坐着。有时候大人找不到她，到坟地里去一定能找到。没有人知道坟地到底有什么样的吸引力，能让她如此喜欢那里。这片坟场散落着大大小小的荒坟，阴风阵阵，有时候还能见到零星的白骨，大人没事都不会到那里去，小孩子更是吓得躲得远远的，怎么就成了她的私人后花园？

三毛还不太喜欢和人讲话，但不讲话不等于想法不多，她有许多稀奇古怪的想法，伴随着这些想法，会冒出许多稀奇古怪的问题，比如她看见苹果长在树上，会问：苹果吊在树上会不会疼？知道人死亡之后要埋在墓地里，要问："为什么要把人埋在土地下面。"看见小蜗牛、小虫子在地上爬，也非常好奇："为什么地面上会有痕迹。"就连小朋友玩蚂蚁，她都要出面阻止，说那样蚂蚁会伤心难过。所以她的姐姐和弟弟后来回忆起她时，总是说她的思维非常敏捷，语言能力也极高，想得多，也想得深。可以说，三毛的敏感、细腻和深刻的洞察力，在小小年纪就已经显现出来，使她显得与众不同。很多时候她的思维和想法已经超越了她的年龄。

除了喜欢在坟地玩，喜欢问乱七八糟的问题，小时候的三毛还特别喜欢看杀羊。每年春节，三毛所在的镇子都会杀羊庆祝，陈家自然

也不例外。杀羊这天，家族里的其他孩子都会因为害怕跑得无影无踪，只有三毛眼睛一动不动地盯着看。人们看到她目不转睛地盯着羊看，都逗她问:“你不害怕吗？”她不说话，只是看。

如果说三毛天性清冷、独立，崇尚特立独行，从而喜欢到坟场去，可以理解。那么，这样近乎陶醉地看杀羊就有点让人无法理解了。

可是，三毛是不需要人们理解的，她一生都是这个样子，只做自己喜欢的事，所以即使有人告诉她小孩子不要看杀羊，她还是乐此不疲。

三毛喜欢看杀羊，并不代表她有多么残忍；相反，看杀羊背后却暗藏着她的柔软。她看着羊，总会联想到自己，觉得死亡就是自己的归途。她也喜欢把自己比作一只黑羊。她常说:“我是一匹黑羊，融不到你们白羊的世界里”。

在三毛的心里，她就是和别人不一样，也不想同别人一样。在祖父去世这件事上，这种心理体现得尤为明显。

那年，祖父去世，依从家族的风俗，孙辈要穿白色的、鞋子跟部有一个红色布条的布鞋。三毛说什么也不穿，说这双鞋子一点都不好看。虽然最终还是在母亲的劝说下穿上了这双布鞋，但是后来为了不穿它，三毛居然把鞋子弄坏了。

另一件更为有趣的事情是，三毛为母亲抱不平。三毛家里有一张吃饭用的大圆桌，盖着长长的桌布。桌布很宽大，可以完好地把人罩在里面，三毛和姐姐经常钻到里面去玩。那天，两人躲在里面玩，有人过来坐在桌子前说话，忽然说到三毛的母亲事情做得不好。三毛的姐姐听见了生气地在下面攥紧拳头，三毛也生气，但她表现得更加激烈，一下子掀翻了桌子，质问大家为什么“骂”自己母亲。

这件事让陈田心一直记忆犹新，她也觉察出了三毛与自己的不同。陈田心说，三毛是那种不满意就会直接反抗的人，谁也不能左右她的想法。

对此，三毛一点都不否认，她曾经和姐姐说过：“我要做我自己，不在乎别人怎么看。”

她这样说，更可以证明她的特立独行是与生俱来的。而她的这种与众不同，陈嗣庆和缪进兰也从开始的不理解，到无奈、到接受。陈嗣庆曾在文章里说：“每一个家庭的第二个孩子，都有些不一样，我们家的二小姐，就更不一样。”

三毛自己，更加承认自己不一样，不过她对自己的“不一样”另有一番解说，她说：“老二就像夹心饼干，父母看见的总是上下那两块，夹在中间的其实也可口，但是不容易受注意，所以常常会蹦出来捣蛋，以求关爱。”

如果这个说法成立，三毛一生特立独行，按照自己的心意生活，就有了一个美丽的注解，那就是她在用这种特立独行的做法，去吸引父母的注意，让他们更关注自己。

现在在教育界和心理学上，的确有这样的说法，童年的经历影响着人的一生，有很多人都是在用一生的时光，来治愈童年留下的创伤。虽然三毛的家境还说得过去，但她敏感的性格也会让她的童年留下伤痕。这个最大的伤痕就是，自己是家中的第二个孩子，受到重视的程度远远不及姐姐和弟弟。因为不被重视，所以才拼命反抗，拼命制造事端。

对于三毛的这种说法，陈嗣庆和缪进兰是不认同的，陈嗣庆和缪进兰说自己从来都是平等对待几个孩子的，要是有什么不平等，就是在三毛身上用的心血更多。她任性又执拗，让自己跟着牵肠挂肚，而那几个孩子，都是乖乖女、乖乖仔，不用费这样大的心力。

事实上，在三毛的文字描述里，她的父亲和母亲确实是那个年代，甚至现在这个年代里都少有的开明父母，他们深爱着三毛，也尊重三毛。三毛当时有此种想法，只是因为她是一个小孩子。每一个小孩子都不愿意有人来分享爸爸妈妈的爱，每一个小孩子都希望爸爸妈妈把所有的爱都用来爱自己。小时候的三毛不仅有姐姐分享她的爱，后来又有了两个弟弟来分享她的爱，心思敏感的她一定会觉得很不舒服。

其实面对有人来分享自己的爱时，大多数孩子都会选择坦然接受，并且甘之如饴，只有一少部分孩子会选择“挑刺”，认为父母偏心和不公。而不巧的是，三毛就是这一少部分里的一个，她是一个特立独行的小孩，有着不一样的想法，如果她心安理得地接受了，反倒不是三毛了。所以，即使三毛知道父母爱自己，也“不讲道理”地说父母“偏心”。

遇见“三毛”

三毛的人生颠沛漂泊，而她却安之若素、坦然处之，让人不禁感叹和惊讶，世间怎么会有这样一个喜欢流浪、喜爱漂泊的女子。

是啊，怎么会有呢？然而就有了。她钟情于漂泊的因子，可能在她小时候就有了。她两岁多的时候，就开始了人生的第一次漂泊远行。

那时，局势动荡，她的伯伯和爸爸决定搬到南京去。抗战胜利的号角刚刚吹响，对什么都充满好奇的三毛，就跟着家人到了重庆珊瑚坝机场，登上了去往南京的飞机。

当时三毛因为年纪太小，只记得自己登上了一只从来没有见过的“铁鸟”，和姐姐被放置在饼干盒子上摇摇晃晃升到空中，根本就不清楚正在发生的事。只记得那只大铁鸟发出震耳欲聋的轰鸣，而她的母亲好像分外难受，闭着眼睛，垂着头。她也从轰隆隆的轰鸣声里和母亲难受的表情中，猜到了自己正在经历一件危险奇特的事情。

他们搬迁的终点是南京。

南京是三毛祖父陈宗绪打拼过的地方。当年在定海没有办法生活，陈宗绪到了上海，又辗转来到南京，做起了运输水泥的生意，并做到了江南五省总代理的位置，之后又做起了五金、木材、煤油等生意，攒下了丰厚的家业。随着生意的日渐昌隆，陈宗绪在南京下关靠近长江口的地方，建了仓库，还建了五六十栋二层小楼，形成了一条条街巷。三毛的父亲小时候就生活在这里。只不过时逢军阀割据，陈宗绪带着家人离开了南京，后来日本侵占南京，炸毁了当时的一条街，连着积攒下来的家业也跟着一同炸毁。这一次，敌寇被驱散，陈嗣庆终于又带着家人回到了自己父亲奋斗过的土地。

三毛一行人是夜里到达的南京，三毛和父母、姐姐坐在一辆马车上，直接来到了南京鼓楼头条巷四号院。三毛的童年，就在这座有着千百年文化底蕴的城市铺陈开来。

陈嗣庆兄弟两个都是做律师的，到了南京依旧开起了律师事务所。他们的新家是一座有着温暖花香的三层大宅，宽敞明亮，楼房的下层被作为兄弟俩的律师事务所门面，上面两层成了两家人的居家生活之所。

大宅的院落宽敞，共有前后两个院，前院种了梧桐和桑树，还用篱笆圈了一片花墙，放眼望去，是一座有花、有树、有草地的西洋花园。后院就亲民很多，父亲的三轮车、汽车都放在里面，工人们所有的劳动、孩子们所有的活动也都在里面，充满了烟火气。

这样生活气息浓郁的地方，自然成了孩子们的乐园，他们夏天在这里制作冰激凌，冬天打雪仗，释放着属于孩子们的快乐。三毛是个孩子，自然也陶醉其中。不过她性子安静，喜欢的表现形式也是安静的，安静地看大师傅炒菜，看工人洗车做工，像当年看杀羊一样，乐此不疲。

每个孩子童年的色彩都是温暖和美丽的，没有了战争的侵扰，三毛虽喜静，却也一改在重庆的怪癖，偶尔也会融入这份温暖和快乐中，和哥哥、姐姐们打雪仗，看他们做冰激凌，同他们一起吃冰西瓜。但是她骨子里面的安静，多多少少让她对这份温暖和快乐有所排斥，尤其是圣诞节来临的时候，大家招呼她把袜子挂在圣诞树上，说圣诞老人要来送礼物，并叫她一起嬉笑游戏，这时她就感到有些不自在，迫不及待地想寻找一处安静之所。

在陈家，安静的地方有三处，假山、父亲的书房和位于二楼的图书室。

假山是三毛的首选，因为爬到假山顶上，可以看见远处的街道和鼓楼。即使不爬上去，由于房子的外面就是英国和俄国的大使馆，也能看到英国和俄国的国旗。

但是永远在假山玩是不现实的。三毛开始去另一个安静的地方，父亲的书房。

因为经常伏案工作，父亲陈嗣庆的书房很大。书房有很多案牍，小孩子都多动，所以陈嗣庆不允许小孩子进来玩。三毛的哥哥姐姐们都是乖孩子，听话地对这里敬而远之。但是三毛是一个特别的孩子，越是不被允许的地方，越是让她充满了强烈的好奇。一次次趁人不备溜进去，溜进去就赖在里面不走，东瞧瞧、西看看。在这里，她第一次见到了钟爱一生的文房四宝。当然，她当时并不知道这些稀奇古怪的物件是文房四宝，只知道是一些好看、好玩的小摆件。她尤其中意陈嗣庆书桌上的一个小瓷花缸。这个花缸，还没有汤碗大，画着精致的工笔水墨，小巧别致，让人看了爱不释手，花缸中间还总是放着一个更加小巧别致的小勺子，也画着精致的花纹，只有三毛的小手大，捏在手心里刚刚好，好玩又有趣。

这两个物件在三毛眼中充满了无穷的魅力，她第一次见就喜欢上了，只要有机会溜进来，就会爬上桌看这个花缸。只看还不算，她还要用小勺子舀一点儿水，倒在砚台上，再倒一点儿墨进去搅拌，把自己弄得一身黑。因为她看到过父亲舀水研磨，觉得这一切有着无穷的

魅力。这是她最大的快乐，她顾不得衣服被弄脏，玩得乐不思蜀。

不过这个快乐持续的时间比较短暂，往往她刚把自己弄得一身黑，就被发现捉出去了，让她每次都不能尽兴。因为不尽兴，又促使她一次次地溜进来。

有一年冬天她又趁人不备溜了进去，溜进去就直奔书桌，轻车熟路地拿起缸里的小勺子舀水，却听“啪”的一声，勺子应声而碎。原来天太冷，勺子被冻住，她一用力拉扯，勺子破裂了。但是三毛年纪小，不懂这些，只知道自己闯了大祸，慌里慌张地从书房逃了出去。陈嗣庆恰巧这时候到书房取文件，三毛一路跌跌撞撞刚好撞到了他身上。陈嗣庆有些惊讶，好端端地怎么跑出去了，直到看到瓷花缸碎了才明白三毛闯了祸，责问是不是她弄坏的。

那之前，三毛从来没说过谎话，但是看着父亲的样子，她吓坏了，害怕父亲责罚自己，摇着头说没有。“铁证如山”，不承认是没有用的，她被父亲惩罚站在一边不许动。那是她第一次撒谎，也是她第一次被罚站。有了这次深刻的教训，三毛就很少踏足这间书房了。

两个地方都不能去了，三毛开始转移战场。这个战场就是家中第三个安静所在——位于小楼二层的图书室。这个图书室是家中藏书的地方，家中所有人看的书都摆在这里，所以房间里没有其他物件，只有书，几个从地板直接通到房顶的大书架一字排开，把墙壁完全遮在后面。书架里面摆满了林林总总的书。大人的书放在上层，小孩子的书摆在靠近地板的地方。

三毛找到这里去还有一段渊源。三毛家有一个逃难的女人兰瑛，在家里做帮佣，带着一个和三毛差不多年纪的小男孩马蹄子。兰瑛工作的时候，就把三毛带到后院，让她和马蹄子玩。马蹄子虽然是一个小男孩，却没有小男孩的勇敢和皮实，一碰就哭，还长了一个瘌痢头，涂着白色的粉末。三毛本来就不喜欢和他玩，这样一来就更不喜欢了，东藏西躲地躲开去。可是马蹄子像长了千里眼，很快就能把她找到，让她极度无奈。她没有办法只好四处躲藏，一天她躲在了图书室，马蹄子也追了过去。和以往不同的是，进了这里之后，马蹄子看着一天一地的书说没意思，待都没待就跑出去了。马蹄子的反应让三毛心里大喜，她干脆把所有的玩具都留给马蹄子，自己就跑到这间图书室里玩。

图书室有什么玩的呢？她只好看书。她那时候还不认字，有字的书看不懂，就找有图画的书看。她从书架上抽下的第一本书，画面上画着一个长着三根头发的小男孩。

小男孩的样子引起了她的强烈好奇：怎么有人长着三根头发呢？她拿着书在那儿翻，越翻越被吸引，就一直看，直到外面响起母亲叫吃饭的声音才从图书室里走出来。

那本书很厚，她一页一页地翻，竟然没有翻完，第二天，她又去了图书室。图书室很大、很静，很合她的心意，加上没有马蹄子的干扰，她很享受，美美地看了一个上午。这本书，就是影响三毛一生的《三毛流浪记》。

她看了好几天《三毛流浪记》。虽然参不透书中深刻的道理，但是有趣的故事和画面就足够吸引她了。看完之后觉得意犹未尽，就接着在书架上翻找，结果找到一本《三毛从军记》。这本书里的故事比上一本还有趣，更让她爱不释手，捧起来细看，看着看着就喜欢上了书中那个长着三根头发的小男孩，更记住了他的名字：“三毛”。

多年以后，她在撒哈拉开始写作，署名的时候，想都没想就给自己起了一个“三毛”的笔名。

建国书店

家中的这个图书室给三毛打开了一扇全新的大门，她一下子喜欢上了这里，每天都去。看过《三毛流浪记》和《三毛从军记》后，她觉得意犹未尽，开始在书架上接着找其他书看。她年龄小、不识字，有字的书看不懂，只能找带图画的书。

这些书架真是让人惊喜的宝藏，每一次都能让她不虚此行，在这些书架上，她先后找到了《木偶奇遇记》《格林兄弟童话》《安徒生童话集》等许多本精彩的童话书。

不认字只看图也并不能完全知道里面讲述的内容，她就拿了书去问姐姐，画面中的这个小孩子为什么会哭？那个小孩子在做什么事情？三毛的姐姐陈田心也非常喜欢看书，就拿着书给她讲解。要是姐姐不在家，就找堂哥堂姐。大家都对这个爱问问题的小孩充满喜爱，

一一告诉她。于是在哥哥姐姐们的解说下，虽然她还不认识字，但是也能把故事内容明白个七七八八，之后再想象着拼凑一下，书中说的什么故事就大概明白了。

据三毛自己说，她长大之后，向父亲求证书中的故事，父亲说什么也不相信这是她的记忆，硬说是堂兄们后来告诉她的。

这间图书室很大，每个书架上都摆满了书，成了三毛的一座新的后花园，三毛就像一只小老鼠，每天穿行在图书室里找自己感兴趣的书，如果不搬家，三毛一定会永远看下去。

然而，世上怎么可能有永远居于一所的事呢？何况还是处在动荡的年代。一天，三毛正在假山上看堂哥养的蚕，父亲从外面走了进来，给了她一叠金圆券，也给了姐姐一叠。看着手里厚厚的一叠钱，两个人高兴坏了，因为她们知道金圆券能买马头牌冰棒，这可是她和姐姐最喜欢吃的零食。她和姐姐高兴地在院子里大喊大叫，却看见家里的老仆人在流泪，才知道全家要搬到台湾去了。

像当年从重庆离开一样，家里开始整理行装，准备离开。带的只是随身的物件，那间装满书的图书室，大大小小一屋子没看的书，自然都留了下来。离开之前，三毛又一次跑进了图书室，在一天一地的书海里不肯出来。是啊，她刚发现这个巨大的宝藏，还没发掘出它里面的秘密，怎么能舍得离开呢？

是家里的老仆人把她从图书室带出来的，带出来之后，她就发现母亲缪进兰正把她的一些玩具送给兰瑛，她疯了般过去抢夺，想要带走，却被母亲拦住。母亲告诉她，这些玩具和图书室里面的书没有办法带走，都留给马蹄子吧。

想着再也没有机会见到这些物件，三毛的心里陡地升起一丝淡淡的忧伤和惆怅。

不仅三毛，那几天全家人的脸上都是那种淡淡的忧伤和惆怅，一家人就带着这股被称为乡愁的惆怅，离开了宅院、登上船，漂洋过海来到了台湾。

到了台湾，她就进了学校。这个时候三毛已经有了几年的读书经验，认识了很多字，所以上学对她来说并没有什么太大的压力，相反因为她看过的书太多了，只觉得学校的课本编得太简单，新书发下来的第一天还能读读看，过后就放在一边，而且她还跑去问老师，为什么不编一些难一点的书，难道是骗小孩子的吗？

父亲陈嗣庆当年是复旦大学的高才生，母亲缪进兰也是优秀大学生，两个人都非常重视孩子的教育，虽然生活艰难，但还是给孩子们订了有助于学习的书报和杂志。这些书籍给喜欢读书又抱怨课本简单的三毛带来了极大的惊喜，书来了就急不可耐地看。遗憾的是，这两本书一个月只有一期，三毛看书的速度又快，根本不够看，爱书如命

的三毛开始四处寻找新书。于是一家开在建国路上的书店走进了三毛的生活，这家书店因为建在建国路上，所以叫作“建国书店”。

店面不大，可以买书，也可以把书借回去读。三毛和姐姐都喜欢读书，发现这家书店后，两人自然成了这里的常客，经常结伴去借书。尤其是三毛，刚听说这家书店能借书后，就欣喜若狂，把手里的零花钱都拿去了那里。她本来是一个不讨要零花钱的孩子，但是为了有钱借书，开始缠着妈妈要零花钱，如果爸爸妈妈不在房间，甚至还会翻妈妈的零钱包、针线盒。最后三毛自己都记不清向书店“贡献”了多少零花钱。

而这家书店，真是一家良心的好书店，一般的租书店都会出租一些低俗小说，这家书店不租；一般书店，读者喜欢看什么书，自己挑，这家书店不会，书店老板会亲自指点你看什么书。尤其是看到三毛和姐姐两个小学生过来借书，就责无旁贷地帮忙做起了推选的工作，推荐适合她们这个年龄段看的书，还介绍在他看来不错的书。在这位良心书店老板的善意指引下，三毛看了很多优秀的儿童书。

书店的书再多也有看完的一天，看完了喜欢的儿童书，三毛把看书的触角伸到了外国文学上。她看了《红花侠》《三剑客》《基督山恩仇记》，又看了《堂·吉诃德》《飘》《简·爱》《琥珀》《傲慢与偏见》，记住了一大批外国文学作家。

这间书店成了三毛新的精神后花园，三毛甘之如饴地在这里接受着文学的滋养。那段时间她最愿意做的事情就是捧着一本书坐在院子里的大树下看书。

借的书是需要还的，还书的紧迫使三毛不得不加快阅读速度，她看得越来越快，也看得越来越痴迷，经常把头埋在书里一看就是很长时间，让爸爸不得不担心她的眼睛，一次次提醒她，再这样看下去眼睛是要瞎掉的。但三毛不关心这些，她只关心书店的好书会不会被别人借走。有一年暑假，她担心一批俄国作家的书被借走，用尽了手中的零花钱，把它们大半都租了下来。

三毛一生爱书如痴，不得不说和这段读书的经历有极大的关联。很多时候，人的所有机遇，乃至人生，都是和童年经历的往事有所牵连的，这段疯狂的读书经历，无疑在三毛的生命里，描绘下了浓墨重彩的一笔，影响着她未来道路的选择。

心中有个拾荒梦

三毛是独特的，她的所作所为所爱也和别人不一样。除了读书的嗜好，三毛还有一个特殊的爱好——拾垃圾。

拾垃圾是从一次放学回家的路上开始的。那天，三毛一个人在田埂上行走，突然发现一个亮晶晶的弹珠。虽然弹珠不是什么好东西，但对于一个上小学的孩子来说，足以让她觉得新奇又兴奋。她把弹珠捡起来，用眼睛继续在四下寻找，期待有新的发现。于是，在田埂漫游，成了她每天放学后的一个固定节目，像一只寻找虫子的小鸟，每天放学都在田埂上慢慢走，寻找未知的欣喜。于是，香水瓶、皮球、彩色玻璃等一个个新奇又好玩的东西，被她带回了家。为了不让母亲担心，她先让同学帮忙把书包拿回家，然后自己再慢吞吞地沿着田埂走回家，她的房间也渐渐被这些“碎铜烂铁”堆满。

随着三毛年岁的增长，捡东西的眼光也提高了，普通的物品渐渐入不了她的“法眼”，要有“格调”才能被她带回家。有一段时间她爱上了木制品，见到了就疯狂地收集。一次放学的时候，她看到几个人在路边砍树，巨大的树枝扔在地上非常别致，不顾路人惊讶的目光，她把树枝扛回了家。

家里人早已对她的行为见怪不怪了，这半截树枝顺利地成为她的摆件。

捡垃圾，外面的捡，家中的也捡。一天，她看见家中老工人坐着洗衣服的木桩很像复活岛上竖着的人脸石像，别致而美丽，就用一块空心砖狸猫换太子地把它换到了自己的房间。和姐姐外出游玩的时候，看到好玩的东西也会央求姐姐帮忙搬回家。

姐姐陈田心回忆起这段往事时说，她会把大自然中她认为值得欣赏的东西捡回来，三毛家里大半的东西都是她捡来的。

连三毛自己也说，自己是拾着垃圾长大的，不过她没觉得这有什么不好，相反却感觉这是一件非常美好的事情，简直是世上最好的工作。于是在老师要求写关于理想的作文课上，三毛在本子上端端正正地写下：“有一天长大了，希望自己做一个拾破烂的人，因为这种职业，不但可以呼吸新鲜的空气，同时又可以大街小巷地游走，一面工作一面游戏，自由得如同天上的小鸟。更重要的是，人们常常不知不

觉地将许多还可以利用的好东西当作垃圾丢掉，拾破烂的人最愉快的时刻就是将这些蒙尘的好东西再度发掘出来。”

只是，哪个老师允许孩子有这样的理想呢？

她还没有读完，老师就扔过来一个黑板擦，厉声命令她重写。她只好坐下来重写，这次她写的是在街上卖冰棍的小贩。卖冰棍的小贩多好啊，可以沿途看风景，时间自由，想卖什么也自由，而且看见好的东西还可以捡回去，这是比单一捡垃圾还值得去做的事。

她以为这次可以得到老师的褒奖了，没想到又被老师骂了回来。再次交上作文本的时候，三毛痛定思痛，不再真性情，写了自己想当医生治病救人。这次没有被骂回来，反而得了很高的分数。不过面对这个高分，三毛却一点也高兴不起来，她从来没有想过做医生，这只不过是应付老师而已，完全不值得庆贺。她写的作文，要写自己想写的话，这篇作文不是她真正想写的，得再高的分数她也不喜欢。

下课她就把作文本塞进了书包里。

在孩童时期，面对荣誉就能够审视自己的初心，而不是选择视而不见，估计非三毛莫属了。

这样随性又执拗的心性，也为她日后的流浪做了一个很好的注解：她喜欢意外惊喜，喜欢那种发现的美好和突如其来的喜悦，喜欢那种寻找的惊喜与快乐。所以，她一生在不停地走，不停地找，不停地期待着生活中的下一个美好。

其实三毛最早的拾垃圾记忆可以追溯到两三岁的时候。当时，三毛和小朋友在街上玩，看见地上有一截长长的枯树枝，就捡起来，让小朋友们在前面跑，自己拿着树枝在后面追着点，点到谁谁就“死”。小伙伴们被她的提议吸引了，听话地在前面跑，她在后面追。当时的孩子们没有玩具，一截树枝他们就兴高采烈地玩了好久，三毛还给这节树枝取了名字叫“点人机”。

从此以后，小玻璃球、小弹珠、小塑料片，好玩好看的小物件，她捡了很多，也就埋下了捡垃圾这样的爱好与梦想。

每个人心中都有梦，三毛的梦很简单、随性，就像她这个人。至于自己为什么会有这个拾旧物的癖好，她自己也不知道。父亲陈嗣庆对她这种行为更是不理解，但是一路看着女儿成长起来的他，已经对女儿的特立独行见怪不怪，所以没有过多地干涉和苛责，也因为这份包容，才有了三毛满房间的“碎铜烂铁”。

后来的三毛，爱上了流浪，可是谁又知道，三毛爱上流浪是不是和童年这个捡垃圾的梦想有关连呢，也许正是捡垃圾时体会到了随性与自在的美好，才有了后来的游走他乡、流浪万里。

渴望二十岁

三毛在读书中找到了快乐，在拾垃圾的时候感受到了舒畅与自由，但是她只是一个小孩子，大多数时间里还是需要坐在学校里。

每个孩子的学生时代都会有一段灰暗的时光，三毛的灰暗时光是在她小学五年级到来的。三毛六岁上的小学，是班里年龄最小的孩子。前三年的时光，写写拼音，做做算术题，由于启蒙早，知识又不难，学习对她来说还是很轻松的一件事情，都能轻松应对。但是到了小学五年级，课业陡然加重起来，原来那个老师又去了美国，换了一个新老师，天地都变了。

这个老师是一个喜怒无常的人，她脾气暴躁，喜欢惩罚学生。惩罚的轻重程度则是由心情决定，想拿鞭子的时候，拿鞭子；不想拿鞭子的时候，就坐在椅子上把要惩罚的学生叫到跟前来捏他的眼皮，捏到自己满意为止。而捏到她满意的时候，学生的眼皮往往都已经红肿了，有时候要肿上一整天。

她还有一种“变态”的惩罚方法，把同桌两个孩子的头往一起碰，撞了一下还不够，要碰好几下，直撞到眼冒金星、两耳轰鸣。而被丢黑板擦、打脸、打手板，则更是家常便饭，不足为奇的事。

三毛坐在第一排，经常被丢黑板擦。

这些还不算恐怖，最让人恐怖的是每天放学之前，她都会让同桌的两个孩子互相检查题目。做错了的，不讲解也不惩罚，而是对大家说：“明天到学校再找算账。”这句话让大多数孩子都汗毛倒立、噤若寒蝉，晚上觉都睡不好。就像被宣布明天会受大刑的罪犯，一个个像小兔子一样，谁都不知道老师第二天会怎样惩罚。

这个时候，三毛已经十岁。作为班中年龄最小也最有个性的孩子，她经常会受到老师的责罚，让她每天都过得提心吊胆，每天的早餐桌上，都会掉眼泪，她眼泪汪汪地望着母亲，说自己不想去上学。这让母亲缪进兰感到非常心疼。不过她不是一个溺爱孩子的母亲，深知读书重要的她，虽然知道孩子在学校过得并不是很快乐，也不说半点泄气的话，只是告诉三毛自己会去给老师送布料，告诉老师不要再打她，让她再忍耐些日子，等长大了就好了。

三毛理解妈妈的苦心，也不想让妈妈失望和难过，听妈妈这样说，也就不再反抗，抹掉眼泪背起书包去上学。

三毛在文章中这样形容她的那段生活：想起小学四年级以后的日子，便有如进入了一层一层安静的重雾，浓密的闷雾里。

随着联考的临近，课业也加重起来，每天早上五点半就要起床赶到教室里去早读，晚上十一点才回家。白天整整十几个小时漫长的时光，还要应对老师不知什么时候、什么方式的惩罚，无论是在生理上还是在心理上，对于一个十岁的孩子来说，都是一种煎熬。

母亲的那句“长大就好了”，成了三毛的救命稻草，她渴望自己快快长大。

可是到底什么时候算是长大呢？她的老师当时二十六岁，她想，老师这个年纪应该算长大了吧，只是二十六岁好像太遥远、太漫长了些，那么二十岁也应该算是长大了，毕竟表示年龄的数字前面不是“一”了。她又想，长大了能是什么样呢？长大了，应该可以穿着丝袜，穿着高跟鞋，涂着口红了吧，应该就是这样。因为她的老师就穿着漂亮的旗袍、丝袜、高跟鞋，涂着鲜艳的口红，摇曳生姿。想到这些，她的心里多了些快乐，长大就是变美变漂亮，哪个女孩子不喜欢呢？可是马上又被她敏感的心思给挡回去了，她想，老师这样打、这样逼迫，自己到底还能不能幸运地活到二十岁呢？

有一次课堂上，她又想到了这个问题，想得非常投入，老师叫她回答问题都没有听见。这一下子惹恼了脾气暴躁的老师，她顺手扔过来一只黑板擦，正打在她的脸颊上，她正想得出神，吓了一跳，大叫着冲出了教室。

同学们都在上课，站在偌大的操场上，三毛觉得自己无辜又无助，跑到经常爬的一棵大树旁，搂着树干哭起来。

很多年前有一个校职工在这棵树上吊死了。哭的时候她也想到了死，她想自己是活不过多久了，不如也死了。可转念又想到妈妈的话，就劝解自己：妈妈会带布料送给老师，再忍耐一下，不可以死，等自己长到二十岁，就有力量反抗了。

只是自己现在才十一岁，离二十岁还有漫长的九年时光，而自己现在就痛苦地快要活不下去了，想到这儿又不免悲从中来，哇哇大哭起来。

那天，她是被老师拉回教室的。出人意料地，老师没有再打她，而是拿毛巾给她擦去了脸上的粉笔灰。老师的反常举动让她很惊讶，她向老师鞠躬道歉之后回了座位。虽然没被打，但她对于二十岁的渴

望却没有变。不久后的一次作文课，她没按老师的要求写，而是把对于二十岁的渴望，和对活不到二十岁的恐惧都写了进去。

这次，她没有那样侥幸，受到了老师的责骂，老师质问她：你想长大，就为了穿漂亮衣服，穿丝袜吗？你二十岁，就只为了涂口红？你能不能有远大一点的志向！骂完，又不忘大声地询问同学："你们要不要学她！"同学们纷纷摇头，目光全都齐刷刷地看向她，让她感到有很多把刀子戳向自己。同时心里不免又凄凉起来，她想长大，可不仅仅是为了穿丝袜、涂口红，老师怎么会不懂她呢？

她太天真了，老师怎么会懂呢？她不同于同龄孩子的心思，有几个人能懂呢？

看到连老师也不理解自己，三毛瞬间觉得低落起来，对二十岁的渴望，也就没有那样强烈了，就像收了心性的小兽，乖乖上学放学，做一个难得的乖乖女。不过她做乖乖女没几天，生活中就插进了一段小插曲，这让她看见了二十岁成人世界的另一面风景。

那天，三毛走路上学，遇到一头发疯的水牛，为了躲避水牛的追赶，她第一个来到了教室。不巧的是，那天老师的心情不太好，进来就问谁是第一个到达教室的，看没看抽屉里的日记。同学们纷纷指向她，她害怕得瑟瑟发抖，生怕老师过来打她。不过虚惊一场，老师并没有打她，而是让她给另一位男老师送一封信，并叮嘱她不许偷看。

三毛拿着信出门。想着自己没看都要被冤枉偷看，不妨打开来看一下，才不负老师的期望，于是走到没人的拐角打开了信。

那是一张浅粉的信纸，折了简单的三折。信是用密密麻麻的日文写的，三毛不认得。却认得其间夹杂着的几个汉字，有两个字写的是“魔鬼”。这两个字把才十岁的三毛吓了一跳，她慌忙地把信塞进信封里，送给了男老师。回来之后，还小心翼翼地看着老师，心想老师为什么要叫人家魔鬼。

后来她发现老师和那个男老师并排坐着弹风琴，才知道老师在恋爱，而且受着恋爱的折磨。老师不懂她，她却瞬间懂了老师，又开始心疼起老师来了，觉得老师为了教她们，都没有时间谈恋爱了。

理解是世界上最美妙的灵丹，一旦心中种下了理解的种子，一切便都化解了，三毛理解了老师，在心底也原谅了老师的种种过往，更不再奢想尽快长到二十岁好予以反抗，开始踏踏实实安下心来学习。

这个意外增加的小插曲，也让她看到了二十岁成人世界的另外一个秘密：恋爱。但她却不太明白，只是觉得这里面一定有一种深层次

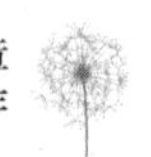

的东西，不过她想不出，也不想去琢磨，而是将心放在学业上。她用一段文字解说了自己当时的状况："渐渐顺服在这永无止境的背书，演算习题的日子里，不再挣扎。"

第二章　花雨季，铜锁心窗

学堂受辱

虽然三毛自己说不再挣扎，但是躁动的心是不容易被安抚的。老师那样“凶悍”，她已经有了不再读书的打算。临近小学毕业的时候，老师让学生填报考试志愿，还没有发到三毛，她就和老师说不必给她了，她已经不打算读中学了。老师听了自然大吃一惊，生气地命令她第二天让母亲到学校来。她不敢把这句话说给母亲听，只好乖乖地把志愿单带回了家。

这是女儿第一个命运的十字路口，那天晚上，陈嗣庆和缪进兰在灯下研究了好久，才慎重地帮她填下志愿。

看着就这样被填下了自己的未来，三毛心里充满了说不出的难过，蒙在被子里哭，眼泪都流进了耳朵里。

当时的台湾有好几所女子中学，最好的是省女中，其次还有一个

静修女中。所有的家长都期盼孩子考上省女中，三毛的父亲也是一样。发榜那日他兴冲冲地去看榜单，在省女中的名单上从头找到尾，又从尾找到头，都没有看到三毛的名字，反而在静修女中的榜单上看到了，这让他有些失落。不过他怕三毛会更伤心难过，宽慰她说上静修女中也很好。

他不知道，对于三毛来说，这并不是坏消息，她原本连中学都不想读的，所以考上哪一所学校都无所谓，何况在新生训练的时候，静修女中的老师不仅没有骂她们，还带着她们到对面操场上去玩球，而且还叫她们小妹妹，这可是在小学都没有受到的礼遇，这让她觉得非常舒心，对静修女中更多了份好感。如果一定要上一所学校的话，她希望上静修女中。所以，听到父亲说考上了静修女中，她是高兴的。

然而，她并没有高兴多久。没几天父亲就大汗淋漓地带回来一个消息，她可以到省女中读书了。原来学校把她的成绩算错了。

对于这个消息，三毛还是略微有些高兴的，因为那是最好的一所学校，对于三毛来说，这是证明了她的能力。就是她不知道自己怎么能考进来，六年级那么忙，她还偷偷看完了一整套《射雕英雄传》。

所有的孩子对一种新生活都是有所期待的。三毛也一样，知道了自己考上省女中，她也对开学期待起来。

省女中在市区，需要乘车去上学，她就可以一个人坐公交车了。学校的课程开设得非常丰富，除了语文和数学外，还有音乐、美术、地理。她不用像小学一样，做枯燥的算数和拼音。另外，音乐、美术和地理又是让人神往的科目，可以聆听美妙的音乐舞曲，可以欣赏到精彩的画作及艺术品，还可以知道那些只听过名字的国家在哪里，一切的一切，都那么的新奇有吸引力。

假期的时间永远是短暂的，很快就迎来了开学，三毛一个人坐着公车去学校。这是她第一次一个人坐车去市区，心里充满了喜悦，更充满着对新学校新生活的憧憬。

然而，到了学校之后，她发现事情远没有她想象得那样美好：美术课，老师没有请他们欣赏名画，而是让大家照着道具画水果，音乐课单纯唱歌，按理说地理课应该更好玩一些，却连地图都不教着画。像兜头泼下一盆冷水，三毛心里失落极了。

不过三毛是一个不服输的孩子，虽然心里装了满满的不高兴，面对新环境，她还是不希望被人家比下去，于是收起了那些失望的情绪，安心上学。只是她疏忽了一点，中学不同于小学，课业增加了不少，她还继续看课外书，学习成绩没有预想的好，第一学期期末考试，就有四门功课不及格。

这不仅很丢脸，也让人担心。担心的自然是三毛的父亲。以往三毛看书，他从来没阻止过，可是这次看到女儿的成绩单，他不得不警觉，进而提醒女儿，把课外书放放，把心思放到课业上来，不然再这样看下去可能就要留级了。

这时，三毛也意识到了问题的严重性，她把心爱的书籍收了起来，决定静下心来做一名刻苦学习的好学生。

三毛所有的课业中，最引以为傲的是作文，最让她头痛的是数学。那些数字好像总是和她过意不去，怎么也学不会，最高分仅考了五十几分，这让三毛很挫败。更糟糕的是，数学老师也对这个成绩一直不好的孩子有些不喜欢。

三毛是一个不肯认输的人，看见自己落在别人后面的成绩，从心底里感到难受，想尽一切办法要把数学成绩补上去。只是数学太难了，她又没有头绪，实在不知道用什么办法能把成绩提高。这时她发现了一个"秘密"，每次老师出的试卷的题目，都是以前考过的和书后面做过的练习。这个发现让她大喜过望，发挥自己记性好的特长，她把每道题都背了下来。

功夫不负有心人，付出总会有回报，在接下来的考试中，她连续得了三个一百分。

按道理说，一个从来没有及过格的孩子，成绩突然大幅度提高，老师会觉得高兴和惊喜，可是偏巧她的老师不是这样一个人。这是一个固执的老师。她固执地认为，平时对数学一窍不通的孩子能够得高分，一定是作弊的结果，不仅没有表扬三毛，相反当着全班同学的面质问她是不是作弊了？

三毛的心里对于弄虚作假的事情一向是深恶痛绝的，如今被老师冤枉，心里十二分地不服气，她告诉老师：从品质上来说，自己是永远不会作弊的，请老师不要冤枉自己。这本是一个孩子面对冤枉的合理辩解，即使语言上有些偏激，也是情急所致，完全可以原谅的。但是这位老师没有这样想，她觉得三毛是在狡辩，更觉得自己受到了三毛的“侮辱”，在下一节数学课的时候，递给三毛一张数学卷，并且对她说：“你不是能考一百分吗？当堂做一下我看看。”

三毛已经连续考了三个一百分，而且把书上的练习题都背了下来，自然胸有成竹，但是接过试卷她却一下子愣住了，试卷上的题目是她从来没有见过的方程式，根本就没有学过。她明白了，老师是在故意为难她，可是又不敢不做，只好拿起笔。不过不会就是不会，她想了很久也没做出来，最后交了白卷。

老师似乎对这个结果非常满意，让她到教室前面来，用粉笔在地

上画了一个圆圈，命令她站在圆圈里，又提笔蘸墨，用蘸满墨汁的毛笔在她的眼睛周围画了两个大大的圆圈，并说：“你那样喜欢吃鸭蛋，老师就给你两个鸭蛋。”画完让她转过身来，给全班同学看。

墨汁很浓，顺着脸颊流到嘴巴里，三毛成了一个滑稽的大花脸。同学们看了，哄堂大笑。老师跟着也笑了，可是却觉得这样还不解气，又让三毛下课的时候到教室外面走了一圈。

同学们正在走廊玩，看见三毛这个样子出来，先吓了一大跳，等看清是一个孩子脸上被画了墨汁时，指指点点地嬉笑起来。三毛被嬉笑声淹没了。用三毛自己的话说，她一下子成了学校里面的“名人”。不过这个“名人”的滋味并不好受。

在一片嬉笑声中，三毛僵硬地走着，心里充满了极大的屈辱和不平，却倔强地一滴眼泪也没有掉。

人受到屈辱和不公平的待遇，心是会结疤的，尤其这个人是一个心思单纯的孩子，这个疤会结得很厚，厚得日后想起来都觉得撕心裂肺。

虽然三毛当时没有掉一滴眼泪，但是这个事件在她小小的心里已经结了一道血淋淋的疤。这道疤，在她自己的文章中，化成滴血的文字：即使一个人再不配做老师，她也可以侮辱我。

三毛是豁达的、是随性的，她一生中遇到过很多人，也原谅了很多人、很多事，但是对于这个老师，这次惩罚事件，她选择的是不原谅。

因为这件事，改变了一个少女的人生轨迹。

公墓读书

三毛是一个既敏感又坚强的孩子，出了这样的事情，其他的孩子会在第一时间把事情告诉家人，但她没有。她不仅在课堂上一滴眼泪没有掉，回到家里也只字未提，第二天早晨依旧乘车去了学校。

只不过这一天有点不妙，有了课堂上事件的阴影，她刚走到教室门口就晕倒了，同学和老师七手八脚把她抬到医务室，又把她送回了家。让人没想到的是，休息好之后，到学校走到教室门口，她又晕倒了，又被送回了家。

三毛一直就不太喜欢上学，对学校也没有什么好感，接二连三地晕倒加重了她不愿意上学的情绪。这次晕倒后再次去学校，走到学校对面的总统府广场，看着学校教室尖尖的屋顶，她突然停下来问自己：我到底在干什么，在忍耐什么，为什么不能勇敢地做自己喜欢的事情？她又望了望学校的屋顶，一点进去的欲望都没有了。

不想进去，去哪呢？当然不能回家。想了想，她踏上了公车，去了六张犁公墓。像小时候在坟地里玩一样，她觉得公墓比学校让她感到安全。

她的书包里永远是有一本课外书的，在六张犁公墓，她安安静静地待了一天，也看了一天的书，快要放学时，才从公墓里走出来。蜷缩在地上看了一天的书，虽然四肢僵硬了，但她心里却很愉悦。第二天上学的时候，她没有去学校，又去了公墓。不过，这次没去六张犁，而是换了另一家，又安安静静地看了一天的书。她尝到了甜头，之后的每一天都不去上学，而是去公墓。很快，周边的几家公墓她都去遍了。

这些安身之所非常好，空旷安静，可以不受侵扰，没有人会扔过来黑板擦，没有人会罚站打手板，更没有人往脸上画黑眼圈，她非常喜欢。

自然，三毛也是很聪明的，一直不到学校里面去，是会被老师发现的，所以每隔三五天她就到学校去晃一下，隔三五天再去晃一下，等到老师看见她的时候，再消失几天，这样老师见过她，也就不会发现她逃学，她就可以安心地在公墓读书。读书才是她真正的快乐之源。

三毛喜欢看书，一直喜欢，只是苦于没有时间，尤其是上中学之后，为了让课业不至于落下，她几乎没怎么看，这让她想起来就心痛，现在终于不用上学了，她把书包里的课本都拿了出去，把想看的书装在了里面。以前因为不愿意上学，她觉得书包很重。如今背着心爱的一书包书，她也不觉得重了。

三毛爱书，她的手里从来都不缺书，除了到书店租书，暑假的时候，爸爸妈妈晒衣服，她在一个被遗忘的樟木箱子里找到了很多中国古典小说，还在大伯的书架上找到了很多现代小说，书籍拥有量也非常可观。可是这些书虽然都算在了她的名下，但是没有一本书是花钱买来的，这对于资深书虫的三毛来说，多多少少算是一种遗憾。她想真正拥有一本属于自己的书。

买书需要钱，她的父母又不太给零花钱，唯一的来钱办法是午饭钱。因为“掩护”得高明，母亲至今还不知道她逃学的事情，每天依旧给她吃饭钱。她决定把这些钱都攒起来，而且很快就攒到了三块钱。20 世纪五十年代，三块钱也算是一笔巨款了。

当时的台湾，有一条专门出售旧书的街——牯岭街，书的品种丰富、种类繁多。三毛对那里心仪许久，可是囊中羞涩，年纪又小，去那里的愿望一直没有实现。这次手里有了钱，又有了时间，她马上就跑去了那里。望着进不完的店铺，数不尽的书，她有种刘姥姥进大观园的感觉，千挑万选，拿起放下，挑了好久才在数不尽的书摊上挑选了一套《人间的条件》。

这套书，她早就心仪许久了。这是她自己出钱买的第一本书，她爱不释手，拿到公墓里花几天的时间就看完了。之后，又去了牯岭街。这时候，随着阅读量的增大，她的阅读兴趣也变得宽泛起来，不再钟情于故事书，于是买了一本《九国革命史》。无人干扰、心无旁骛，她看书的速度越来越快，去牯岭街也越来越频繁。《九国革命史》淘回来不久，又买回了一套《一千零一个为什么》。这是一本介绍自然科学的书，把一个个晦涩难懂的自然知识变成了一个个浅显的小故事，她很喜欢，读了很多天。

买书不像借书需要还，这些书是属于自己的，什么时候读，怎么读都可以，这让三毛有了一种做主人的快乐，决定不再租书借书，而是把钱全部攒起来买书。

公墓读书，安静是安静，就是有一点不好，如果遇到刮风下雨的天气就会无所遁形。有一天，她正坐在公墓深处埋头看书，一片乌云飘了过来，下起了大雨，她站起来试图找个地方躲避，可是周围除了墓碑就是墓碑，根本没有地方躲藏，她全身都被淋湿了，晚上回家的时候就发烧了。

还有一次在广场后面的一个无人看管的坟场，天有些阴，她坐在

一座墓碑边看书，突然听到远处传来一阵低低的哭泣声，声音时断时续、时远时近、游离缥缈，吓得她缩在墓碑边半天不敢动弹，直到看见一个人从墓地里走出来，才明白是有人在祭奠。

虽然没有地方遮风挡雨，虽然要不时忍受着惊吓，但是也没有抵挡住三毛的脚步，她依旧风雨无阻，每天把自己安放在公墓里。因为在这里，总比坐在课堂那座围城里好，总比看见那位令她生厌的老师好。

她追求自由，在这里，她享受着发自身心的自由。她在自己的文章中这样评价这段时光：那是一段真真正正释放的时光，是人生的最大享受。

寥寥数语道尽其真谛，即使这里千般不便，但是有自由，就好、就安全。

每个人都在寻找令自己感到安全的地方，在三毛幼小的心里，这一片片坟茔，就是真正安全的地方。

休学

世上本来就没有不被别人拆穿的事，更没有不透风的墙，即使伪装得再天衣无缝，三毛逃学的事最终还是被老师察觉了，老师把一纸信函寄到了陈嗣庆的手中。

捏着信，陈嗣庆没有震怒，却有些心痛，他希望自己的女儿明艳、阳光，将来即使不能成为艺术家，也要成为一个对社会有贡献的人，而逃学，别说对社会有贡献，成为一个怎样的人，都将成为未知数。

三毛得知信件已经寄给父亲的时候，心里非常忐忑。一个孩子的忐忑是需要掩饰的，何况三毛还处在执拗的叛逆期，走进家门就把门一关，进了自己的房间，留给父母一个强硬的背影。只有她自己心里知道，她在等待一场暴风雨。

然而，她没等来。父亲陈嗣庆是一个宽厚温和的人，虽然心中有万千言语，但是看见女儿回来，并没有说一句责怪的话，只是发出了一声轻轻的叹息。母亲也没有说什么，就像什么事情都没发生一样，这个家，并没有因为这一封信的到来而黑云压城。

父母的表现完全超出了三毛的预想，她几乎不知道接下来该怎么办，躲在自己的房间不肯出来。但她也从父母的反应中察觉到他们已经接受并默认了自己不上学的行为。所以第二天，她没有背上书包上学，第三天也没有。

到了第四天，她等着父母让自己上学，但是也没有，两个人没有说一句让她上学的话，只是父亲看着她又发出了一声叹息。

这声叹息，像一根针，刺着三毛的心，比打骂她一场都难受。她小小年纪想不明白父母是怎么看待她逃学这件事的，也想不明白，父母会不会过几天再把她送到学校里？更想不明白，父亲这声叹息的意思。

人生第一次，她感受到了不知所措和迷茫。

迷茫有时候会像刀子，割着三毛凌乱的心。那天狂风怒号、电闪雷鸣，三毛的心就像被什么东西撕扯蹂躏，坐卧不安。这种感觉太难受了，她一个小孩子实在没有办法排解和应对，她拿起了身边的水果刀。

母亲缪进兰一直不放心三毛一个人待在房间里，看她许久没出来，推开门一看一下子就惊呆了，三毛满手是血地躺在床上，已经昏迷。她吓坏了，一边摇晃，一边呼喊丈夫陈嗣庆。陈嗣庆进来也吓坏了，两人连忙合力把三毛送进了医院。病床边，二人盯着三毛手腕上的纱布出神。二十八针，整整二十八针，这个孩子是真的想绝尘而去啊！

面对这个敏感、脆弱的孩子，他们不知道该怎么办才好。

在医院住了十多天，三毛才出院。虽然出院，她的情绪却并没有好转，反而更严重了。一天饭桌上，住校的陈田心从学校回来，边吃饭边说学校里的事，她听着听着突然狂叫起来，还捂上耳朵跑了出去。家人都吓坏了，惊讶地看着她，不知道发生了什么。几分钟后，她回来了，回来也不解释，丢下碗筷回到了自己的房间。从那以后，她开始拒绝在餐桌上吃饭。

不是她孤傲，而是一听到“学校”两个字，她的血液就开始膨胀，心跳就会加速，她受不了。

但父母不知道。父母看到她这个样子非常着急，带她去看心理医生。医生告诉她是精神紧张，需要好好调理，给她开了大把的药，同时也要给她讲故事、听音乐，但是效果并不明显。父母没有办法，只好把苦闷和着急藏在心里，不去责备一句，不想出来和大家一起吃

饭，就把饭菜端进房间里；不想和大家待在一起，就让她把自己关在房间里，让她自己一点点调节。

这更给了三毛独处的契机。三毛本来是和姐姐陈田心共用一个房间的，姐姐考上了师范学院，住在学校。有了父母的默许，她把房间变成了一个人的城堡，下令谁也不许进。有几天她特别烦躁，还让父亲把房间的窗子都装上铁栅栏。

陈嗣庆本来不想同意的，但看见她现在的样子，也素来知道她想一出是一出，也就不愿意惹怒她，买来材料，找来工匠，按照她的要求装上了栏杆。

本来就是小小的房间，加上栅栏，感觉更小了。不过，看着窗子上的栏杆，三毛觉得安全多了，为了更安全，她又让父亲给自己买了一把锁和一根锁链，把房间的门锁上，想开的时候开，不想开的时候，谁叫也不会开，父亲也同意了。锁装上了，三毛才露出点笑脸来，不过这把锁，锁着的时候多，打开的时候少，很多时候她都把自己锁在屋子里。

她也出去。不过都是在傍晚黄昏，或是在空寂无人的午后。在午后，她会在水泥院子里滑旱冰，不说话，一圈一圈追逐着自己的影子。要是在黄昏，她会到不远处的长春路。那里还没有开发，非常荒凉，堆着一个个硕大的水泥管，她在一个个管子里面钻进钻出，一个人玩着捉迷藏的游戏。天要是黑了的时候，就在路边看昏黄的路灯。上午的时候和人多的时候，她是不出门的，她也不怎么同家人交流，躲在自己的城堡里看她那些宝贝书。

这样的状况整整持续了一年。

转年，陈嗣庆实在忍不住了，他觉得女儿这样待在家里，一生都要荒废了，新学年开学的时候，他决定把三毛送到学校里。为此，他好好做了一番三毛的工作，又到学校里报了名，办了留级，才把三毛送到了学校。这一次，母亲缪进兰担起了护送三毛到学校的重任，每天早上牵着三毛的手把她送到学校里，怕她中途走掉，看她走进教室才离开。他们以为这样周密的护送，还经过了一年的调整，三毛可以适应了。

然而，三毛并没有适应。相反，坐在完全陌生的老师和学生中间，让她更多了几分厌烦和恐惧。这份恐惧，让她感到煎熬，勉勉强强在教室里上完第一节课，下课铃一响，马上冲出校门逃走。她受不了，她要逃学。她甚至在心里呐喊：你们再这样逼我，我就快被逼疯了。

上次逃学她去了公墓，这次她胆子大了，也学聪明了，在公墓里要吃太阳暴晒和大雨淋头的苦，这次她跑去了省立图书馆。图书馆别的没有，只有书；而书，最对她的胃口。在图书馆里，她一天读一本

书，到放学的时间起身回家，有时候读着读着也会忘了时间，回家的时候，已经放学很久了。

接二连三晚回家，她的谎言也就露出了马脚。

面对食古不化、冥顽不灵的女儿，陈嗣庆彻底放弃了，他不再幻想把三毛送到学校里，而是到学校办好了手续。三毛也开始了她正式的休学生涯。

可以光明正大待在家里，可以肆无忌惮地读那些自己喜爱的书，可以丝毫不顾及别人的目光想做什么事就做什么事，三毛却并没有快乐起来。相反，她的脾气和性情更是变得古怪异常。她像一头被困的小兽，浑身长满坚硬的刺，和父母顶撞，和弟弟吵架，而且还会动手打人。一次她不知为什么和弟弟吵了起来，拿着一把钢齿的木梳丢向了弟弟，弟弟的脸马上划出血来。

衣着上，她开始穿着黑色和深色的衣服。而她以前特别讨厌黑色、深色甚至白色的衣服，小时候有一次因为妈妈给她做了一套白色带着紫色花边的裙子，和妈妈大发雷霆，说裙子不好看，还经常自己搭配衣服。现在，她每天把自己包裹在黑灰色的衣服里。就像把自己包裹在一个黑灰色的世界里。这里，没有颜色，没有笑声，没有谈话声，她不出去，别人也别进来。

人人都以为她是异类。

其实，说一句公道话，那时的三毛真不是异类，她真的是病了。要怪就怪那时候的医疗，没有人想到，这个十几岁的小女孩能患自闭症，而且很严重。

在她的心里，一直有一个阴影，有一个魔咒，那就是她是一个“坏小孩”。她不知道怎么摆脱这个阴影和魔咒，才亲手织了一张网，又把自己亲手装在里面。

她是一个手足无措的小孩儿。

她小，虽然内心极度痛苦，却没有办法排解，就把自己密封起来。对于一个孩子来说，封闭是最好的疗伤。

“书奴”

三毛一直排斥去学校，小时候就排斥，现在终于不需要去学校了，这对她来说，算得上是一场胜利。

不过对于陈嗣庆和缪进兰来说，可不是什么好消息，他们担心三毛这样下去会荒废了。于是，他们就送三毛去学插花、学国画、学乐器，然而三毛不喜欢，一次次对抗老师。陈嗣庆妥协了，决定自己教她。

陈嗣庆毕业于上海复旦大学，是一名律师，此前还做过中学老师，教十几岁的孩子绰绰有余。决定亲自教三毛后，无论白天多忙多累，晚上回到家里来，陈嗣庆都要教女儿读一篇古文，读完讲解，然后让三毛背诵。

三毛上学的时候，心思都在课外书上，不爱学习，成绩也不突出，这次不是在学校里，没有了考试和竞争的压力，心情也放松下来，学习能力也增强了，效果好了很多。于是在三毛灰色的幽闭时光里，就有了这样温情的一幕：父亲和三毛对坐在藤椅上，面前放着一本书，父亲讲，三毛听、读、背诵。三毛很喜欢这段温情的时光，她在《逃学为读书》里，深情地做了记录：每天黄昏，父亲与我坐在藤椅上，面前摊着《古文观止》，他先给我讲解，再命我背诵……

陈嗣庆对这个女儿是有些失落和失望的。他年幼时还酷爱运动，想成为一名运动家。造化弄人，他没能完成自己的夙愿，就把希望寄托在自己的孩子身上。他有四个孩子，希望其中有一个能成为艺术家，一个成为运动家，另两个各有一技之长，能安身立命就好。而三毛小时候倔强、执拗，身体虽有些柔弱，但有胆量、有韧劲，是他认定成为运动员的最佳人选。可是眼见三毛这个样子，别说运动家和艺术家，就是一技之长、安身立命也很难做到了。他虽然表面平和，但是心里极其失落和焦急。这份失落和焦急只有在三毛流利地背出他要求的篇目时才能得到舒缓。其余时间，这份失落都会化作一声叹息。

陈嗣庆只负责教三毛语文和英文，别的让她自己看。教英文，他会选择给三毛读英文原版小说，《小妇人》《小男儿》都是他的讲课教材。读的时候，他先读，三毛再复读。

母亲缪进兰也加入教学的阵营，上街的时候，总会给她买回有对

话、有图片的英文漫画书。这些故事三毛早已经看过中文版，对内容了然于胸，这次带着英文重温，看着看着就把英文学会了。

幽闭在家的三毛是狂躁的、是叛逆的，像一只随时防御的刺猬，但是看书的时候，却是安静的，书籍治愈了她。

对书的信任和依赖，让她更想买书，想拥有书，想把书据为己有。她先用手里的压岁钱买了一个书架，把搜罗到的几本书放上去，为自己打造了一个图书室，之后还会和妈妈开口要钱买书。

当时他们已经和大伯分开单住，陈嗣庆一个人支撑着整个家，生活并不宽裕，但陈嗣庆和缪进兰两个人在给女儿买书这件事上，却从来没有吝啬过，很快三毛的小书架就被填满，陈嗣庆又一声不响地给三毛订了一个大书柜。这个大书柜上下五层，有可以推拉的玻璃门，能装很多书，三毛爱若珍宝。

三毛看的书没有门类，买的书也是林林总总。后来她对书到了狂热的程度，市面上喜欢看的书买不到，就到香港买；香港买不到，再托人到日本买。她认定书是世界上最优雅和美丽的东西，就是不看，装饰房间也很好。经常地往回买书，她的小房间里几乎插不进脚，床上地下全是书。她也成了十足的书奴，每天泡在这些书中间。

这种对书的痴迷，让她一位作家的书拥有一本还不够，要买一套，有一个版本的还不够，要买多个版本。仅《莎士比亚全集》，她就有梁实秋翻译的、朱生豪翻译的和英文原版的三个版本，经常三个版本对照着看。其他的名家名著也是多得数不清。

爱书成痴，便会惜书如命。亲戚同学知道她有很多书之后，会找她借，都被她挡了回去，三毛的书概不外借成了她的又一张名片。

书成了三毛的负累，也成了三毛一生的牵挂。父亲看她这样一直捧着书“啃”下去，总是担忧，就想让她学一个一技之长，而她根本就没有心思考虑一技之长，于她而言有书就够了。后来，即便她去了非洲，也带着钟爱的《红楼梦》和《水浒传》，还总是让父母千里迢迢地给她寄书。她从非洲回国，也要在这一天一地的书堆中，挑选心爱的书寄过去。在撒哈拉沙漠那样荒凉的地方，她书架上的书也维持在一千六七百本。

可以说，三毛的一生都在与书为友，三毛是为书而生，书也是她在这个世界的救赎。

珍妮来了

看过的书、走过的路、经历过的事，都会在你的头脑中留下印记，并会影响你的一生。

影片《珍妮的画像》讲了这样一个故事：一个以卖画为生的画家，画作屡屡卖不出去，苦闷地挣扎在生活的边缘。有一年冬天，他在海边遇到了一个小女孩，小女孩非常可爱，画家喜不自禁就照着小女孩的样子画了一幅画，结果这幅画像不仅卖了出去，画廊老板还让他隔一阵子就带一张这样的画像来。他高兴坏了，去找小女孩想继续画，可他又不知道到哪里去找。只好到了他们相遇的海边，他正不知道怎么去找、左右为难的时候，小女孩却突然出现了。他得偿所愿，又按照小女孩的样子画了一张画像。

之后每次他想找小女孩的时候，小女孩都会出现，而每次出现，小女孩都会长大很多。画家就照着女孩的样子画了一张又一张画像，赚了很多钱。最后，画家竟爱上了小女孩，和小女孩相约着见面。两人见面的时候发生了海啸，在惊涛骇浪里画家和女孩相拥又分开，小女孩给画家唱了一首他们见面时常哼唱的歌：“我从哪里来，没有人知道。我去的地方，所有的人都要去……”

三毛小时候看过这个影片。看的时候记住的不多，但却对小女孩唱的歌印象深刻。除了记住歌，她还记住了这个小女孩叫珍妮。

一天夜里，三毛独自在房间里睡觉，一阵歌声由远及近地飘来：“我从哪里来，没有人知道，我去的地方，所有的人都要去”，声音悠远缥缈，三毛一下子从床上惊得坐起来。那个曲调太熟悉了，这让三毛想起了那个电影，想起了珍妮。

“珍妮来了，珍妮来了！”她不顾一切地大喊起来。

那晚，她发起了高烧，睡梦中珍妮的歌声一遍遍地像潮水一般袭来，她觉得自己被一种说不出的感觉笼罩着。自那一夜之后，她经常在梦中听到珍妮在耳边唱歌。她吓得夜不能寐。

她再一次病了。父母依旧带她看了医生，医生嘱咐她好好睡觉，少想事情，让情绪放松。三毛还算听话，她依着医生的话休养调理，表面上看平复了很多。陈嗣庆夫妇渐渐放下心来，认为她好了。

然而，没有人知道，这只是表面现象，她并没有真的痊愈。

一天，她在家中坐着，忽然有一种强烈的愿望要到外面去写生，于是她穿上衣服拿着画架走出门。妈妈看见她要出门，急忙把她拉了回来，大病初愈是不能出去吹冷风的。可是却被三毛生硬地赶了回去，三毛觉得自己的心都要憋炸了，只有走到外面去才会好一点儿。她来到了不远处的田野，坐在田埂上，支好画架，却什么也画不出来，只听见耳边呼呼的风声。

那天风很大，在她耳边呼啸地刮着，刮得让人有些发抖，也有些冷，冷得她情不自禁地裹紧了衣襟。但即使这样，她也不想回家去，她坐在田埂上看天、发呆。

忽然她感觉耳边的风声小了，后来竟然听不到了，世界突然安静下来。正当她以为风停了的时候，耳边突然传出了那一句空灵的歌声："我从哪里来，没有人知道，我去的地方，所有的人都要去……"她呆立了一秒，在田野上狂奔起来，边奔边喊："珍妮来了，珍妮来了……"她跑得越快，那个声音追得越快，追得她都感觉自己被赶进了一个黑色的世界里，那个世界里没有光，没有其他别的声音，只有珍妮忧郁空灵的歌声："我从哪里来，没有人知道，我去的地方，所有的人都要去……"

她不知道自己身在哪里，去向何方，她迷路了。

她是被当地的一个农民送回家的。家里的父母正为了找她急得焦头烂额，看见她被送回来，长舒了一口气，母亲心疼地搂过她，问她怎么弄成了这个样子？她没有回答，默默地走进了卧室。

其实，她不知道该怎样回答。她没法向母亲解释那个歌声，没法提起珍妮。

这次，她又在床上躺了一个星期。一个星期之后她渐渐好转，开始下床走动，父亲对她约法三章：只准在房间里看书、听唱片，不许到田野里乱跑，不许无端生气、哭闹。

她被保护了起来。虽然被“保护”了起来，但是珍妮还会隔三岔五地找到她，有时候是睡梦里，有时候是在空寂无人的午后，有时候是在暗夜里，她吓得把自己瑟缩在床头的角落。但珍妮的歌声还是会无孔不入地飘过来，碾轧着她的神经，让她无所适从。她不知该怎么办才好，一次次扑进母亲的怀里哭诉自己不是珍妮。

陈嗣庆和缪进兰夫妇同样不知道该怎么办，四处寻医问药。最后竟然把她带到了精神科。三毛是不知道去这个科室的，直到看到科室牌子的时候才知道，知道了心里突然就反感起来，觉得这里看不好她的病。

的确，像三毛预感的一样，这个医生没有治好她的病。珍妮依旧隔三岔五过来找她。不过这时候，三毛反倒不觉得自己病了，她觉得她和珍妮的关系不是病，而她也对珍妮到来的这种感觉产生了严重的

依恋。她期待珍妮的到来。她依恋珍妮来了以后营造的那种氛围，那是一种让她能跌落到虚无的氛围。在那个强大的气场中，她感受着失落的慌乱，消失的痛苦，同时也感受到了一种刹那间的快乐，就是这种快乐，让她有些欲罢不能，觉得珍妮是她的多年老友，她们是一个不可分割的整体，她和珍妮即将合二为一。

母亲再次带她看了医生。这个医生是一直给她治病的张医生，张医生对她说，没有珍妮，是她生病了，所以要好好养病，不要去想珍妮了。可是，她忘不掉，也忘不了，因为珍妮还会来，还会把她带到那种既惧怕又期待的虚无中，让她无法自拔。那种感觉，竟然有些美妙，不过，也有些恐慌，她感觉珍妮在召唤她，想把她带到另一个地方去，而她，并不想去。

终于有一天，她受不了了，在珍妮来的时候和珍妮和解，告诉珍妮："我们分手吧，你别再来了。"可是珍妮却还是固执地钻进她的体内、她的头脑、她的梦境，她在珍妮的世界里依旧无法逃离。

三毛以前还是能够出门的，在午后和黄昏时，甚至有时在白天同母亲出去。可是自从珍妮来了之后，三毛便不想出门了，她觉得街上的人使自己害怕。每周一次去看心理医生，她也抗拒着不想去，最后干脆不出门，把自己关在家里。而她的天地，只是那栋自己家的房子，还有进进出出的姐弟。对于姐弟及家人，她也不会主动去接近。

她给自己修了道门，筑了一堵墙，然后把自己关在里面。

然而，三毛不知道，她是真的生病了。没有珍妮，那个珍妮只是她自己，是她假想出来的，可以替她发声的自己。她压抑得太久了，需要一个出口，而珍妮和她有着太多的共同点，珍妮渴望被理解、被接纳，她也同样渴望被理解、被接纳，她们是一样的人，是一个整体，她是现实中的珍妮，珍妮是梦境中的她自己，所以珍妮才来的，确切地说是被她请来的，她用珍妮来完成对自己的救赎。珍妮是她心中的一个渴望，一个释放的出口。

珍妮来了，她睡着；珍妮走了，她醒了。没有珍妮，只有她。

顾门学画

女孩子最美好的年纪是十六七岁。很快三毛就十七岁了。只是她的这个年纪一点都不美好，因为已经在家关了三年了。

这三年里，她就像一只刺猬，浑身长满了刺，对谁都是一副防御的姿态，唯一温情一些的场景就是每天黄昏和父亲学习的那段时光。不过也不是永远温馨和谐，教完课，父亲看着她总会发出一声轻轻的叹息，她的心就像被锋利的刀子划过一样，尖锐地疼。这时候她就会抽身离去，不做多余的停留，把自己关进房间。她再次走出来，则是在夜深人静所有人都睡下之后，不开灯，穿着黑衣，借着微弱的月光在房间里游走，像这栋房子里的一个幽灵。

陈家有四个孩子，除了三毛，其他几个经常会带着同学朋友回家，所以陈家永远是热闹的。三毛白天一般不出门，但是心情好的时候，或者听见孩子们的喧闹时，也会从房间里走出来，只不过从来不参与他们的游戏，只是远远地坐在角落里。

一天，姐姐过生日，家里来了很多同学，喧闹声又把三毛吸引出来了。像以往一样，她坐在专属的角落里，望着这些孩子们狂欢。突然一个男孩说，要给大家画一幅画，说完就拿过纸笔趴在地上，几分钟之后站起来，已经把画完成了。孩子们围着男孩争抢着看，嬉嬉笑笑看了两分钟后，又哄笑着跑了出去，把那幅画扔在了地上。

看着躺在地上的画，三毛突然有一种想要看看的冲动，她站起来走过去，轻轻把画捡了起来。那是一张关于战争场面的画，画面中有士兵、有将军，兵戈铁马，杀气腾腾。用色潦草，大胆又夸张，使画面呈现出一种鲜艳明亮感超强的色彩碰撞，没章法，没逻辑，一看就是孩子的随性涂鸦。而她，对着这幅画静静地看，静静地看，竟然看得有些痴了，仿佛自己就置身在这个杀气腾腾的战场上。简直太好看了，好看得她爱不释手。

正看得出神，画画的孩子回来了。看见她拿着自己的画，告诉她，这张画是自己画着玩的，自己学的是油画，老师是顾福生。

顾福生三个字一钻进耳膜，三毛就愣在那里，她知道顾福生。顾福生是顾祝同将军的二公子，台湾著名的青年画家，更是台湾画界的新秀，和刘国松、韩湘宁等人组成了“五月画会”，开启了台湾新画

派的先河。她是看艺术类书籍的时候，知道顾福生的。知道以后就成了她眼睛中的繁星，心里装满了敬仰和崇拜。今天，竟然听到了顾福生的名字，而且还遇到了顾福生的学生，那份惊讶简直无法用语言来形容。

为了这三个字，三毛兴奋了一下午，晚上她破天荒地和父母说想学油画，和顾福生学。面对她的这个要求，父母愣了一下。不是惊讶于请不到顾福生，而是惊讶于她竟然主动提出学东西。这是三年来，她第一次主动提出学东西，太让人意外和惊讶了，自然还有欣喜。母亲马上想方设法和顾福生取得了联系。然而，世上的事情真的没有一帆风顺的，顾福生可以收学生，但不上门教画，也就是说要想学画，就自己到画室来。

这个答复，让母亲缪进兰心里打起了鼓，女儿已经几年不出门，她能同意走出这扇门吗？

放下电话，她愁眉不展。

三毛没有注意到母亲的情绪，看到母亲放下电话，急切地追问顾福生怎么说？缪进兰怕三毛失望，骗她说顾福生不收学生。

她是善意的，希望女儿就此收回想法。然而她想错了，这次三毛是真心实意想和顾福生学画画。听到不收学生几个字，还没等把其他的话说完，三毛就狂跳起来，问怎么会这样？姐姐的同学就在那里学的。

看女儿这样急切，缪进兰只得把实情说出来：“不是不收，是不上门来教。”说完还追加一句：“不行，我们就去找别人学，一定有人愿意上门教画画。”

缪进兰语气和婉温柔，想用这温婉的语气打消三毛的念头，谁知三毛这次铁了心，大声说：“不，我就要和顾福生学，他不来我就上门去学！”说完，她就钻进自己房间，把父母扔在了客厅里。

陈嗣庆和缪进兰两个人愣了一下，确切地说是震了一下，缪进兰几乎不敢相信自己的耳朵，一次次问陈嗣庆：“她真的说要自己去学画了吗？她肯自己出门了！我不是在做梦吧！”陈嗣庆告诉她没有，她没有做梦，是三毛亲口说的。

第二天早晨缪进兰就知道她真的没有做梦。一早醒来三毛就问她什么时候可以上课，接下来的日子，三毛几乎是掰着手指头天天在等待着去上课。三毛这样急迫，缪进兰当然是欣慰的。

上课的日子定在了星期二。然而，日子真的到来的那一天，三毛却怯场了，说什么也不肯出门。她告诉母亲自己还没有准备好，让帮忙延期。缪进兰没办法，只好给顾福生打电话。

三毛躲在自己的房间里，母亲打电话的声音一字不落地传进她的耳膜。她边听，边捶打自己的枕头，她恨自己，明明那样想，偏偏又那样胆小，不肯迈出那一步。她决定，下次，一定不退缩。

一周后，她站在了顾福生家的大门前。那天阳光大好，一辆黄包车把她送到了顾福生家。在顾福生家的雕花门前，她矗立了好久才敲响了那扇紧闭的大门。走进门，就看见花房小径，玻璃回廊。顾府很大，顾福生的画室也很大，大大小小的画作摆满每一寸空间，一进去三毛仿佛就坠入了艺术的世界，这里满足了她对艺术家的所有想象。

顾福生并不在画室，她等了几分钟，顾福生俊朗的身影才从外面走进来。

“你喜欢美术吗？”顾福生问她。

“喜欢。”

“你以前画过画吗？”

“画过，画过国画。”

她的声音细若蚊蝇。

“你为什么学画呢？听说你在家里，没上学。”

她便不说话了。

顾福生也没在意，温柔地牵着她的手，把她按坐在画架前。顾福生的表现让三毛心里划过一丝暖意，以往要是问到这个问题，提问者都会喋喋不休，顾福生却没有。这样的善解人意，她舒服，更喜欢。

那天是第一节课，三毛是空手去的，没带任何工具，顾福生带她看了些画。下课的时候，顾福生吩咐她再来的时候，带一个馒头，下一节课学素描要用。馒头是下一星期上课用，三毛回到家却让母亲火速准备，至于为什么这样急迫，她自己也不知道。

很快就迎来了又一次课。顾福生拿出一个雕像，问她看见了什么，之后，并没有做任何指导就走了出去，让她自己画。她坐在那里，坐了很久，一笔也没有画出来，手里握着她准备的馒头。她不知道怎么下笔，不知道从哪里下笔，但是也没有离开。

顾福生回来，看见她什么都没有画，有些惊讶，问她："怎么什么都没有画？"她诚实地告诉顾福生，自己不能画。顾福生听了没说什么，只是悉心地教她。

那天，她画了整节课的素描，可是没有一张是成形的，都惨不忍睹。那之后的两个月，她继续画素描，却也都还是画得惨不忍睹。这两个月，顾福生都像第一天一样，极其温和耐心地教。

老师的耐心换来的是自己不成器的画作，三毛的心开始愧疚，觉得她不是绘画的材料，自己在拖累老师。而她，不想再拖累老师了。她对顾福生说，自己以后不来了。顾福生没有说话，只是问她是哪一年生人。她告诉了，顾福生轻轻地说了一句："你年纪还小呢，急什么？"说完，出去接了一个电话。趁着老师不在房间的空档，三毛伏在膝盖上大哭。她不想做画家，她不知道自己要干什么。只知道她已经不小了。可是，她已经生活这么多年了，而且生活得这样辛苦和

艰难，为什么老师还说她小呢？要是现在还小的话，以后的人生要有多长呢？自己又要怎样去过呢？依旧是躲在自己的小屋子里，长门深锁？

她不知道答案，她不敢想，只能哭，靠哭来宣泄。

她哭了好久，顾福生回来时才起身擦泪。

顾福生看见她哭了，没有追问她为什么哭，更没有让她再画画，而是让她帮自己搬一幅画到另一间画室，之后带她去看自己的油画。

看油画时，顾福生问她，画画画得不好，有没有试着写写文章？她摇头，轻轻告诉顾福生，自己没有读几年书，而且已经不上学了。顾福生告诉她，那些都不重要。说着从书架上拿下一本《笔汇》和几本《现代文学》杂志，对她说，借给她看，并说不想画素描，那下次课就学水彩。

三毛没想过，自己紧闭了三年的心门，即将被这几本书打开。顾福生也没想到，自己不经意间的一个建议，竟为三毛的人生开启了一个新纪元。陈嗣庆夫妇也没想到，自己千寻万找的治病良方，竟然在顾福生这个青年画家的手里。

那天从画室回来，三毛就一头扎进房间里。她在看那几本杂志。她自认为读书无数，可是存在主义、自然主义文学、意识流、萨特、卡夫卡对她来说仍是一个个新名字，她觉得推开了一扇新窗，打开了一个新天地。最要紧的是，她在书里面看到了自己的影子：诗人波德莱尔曾经像她一样遇到了一位坏导师，卡缪也曾经感到自己非常孤独，横光利一内心丰富、特立独行，但是这些都没阻止他们变得更优秀，成为大师。世界上还有许多和自己相同的人，自己为什么要感觉没人理解和孤单呢！

三毛笑了，几年来，她第一次由衷地露出了笑脸，自己给自己封的印也随之拨开了一角。再见顾福生的时候，她已经完全换了一个人。

新生的橄榄枝

再见到顾福生的时候，已经是一周后，那天天气大好。顾福生像平常一样，穿着大红毛衣站在画室迎接她，三毛却没有像平常一样低头坐在画架前，而是坐在了顾福生的对面。

“老师，原来，波德莱尔也喜欢一个人啊？”

“老师，意识流就是那样看不太懂，又让人非常想看下去的文章啊？”

“老师，我看了那样多的书，才第一次知道还有卡缪和横光利一。是不是知道得太晚了。”三毛像一只小燕子，叽叽喳喳坐在对面，把这几天看书闷在心里的话，都一股脑地说了出来。这几天，她没来上课，一直闷在房间里看这些书，看着看着，就觉得有许多话要说。可是看看家里的那些人，又觉得不知道对谁说：姐姐已经不在家里住，而且只管埋头做功课；弟弟上学，只懂得玩，没有时间听，也听不懂；母亲每天只知道待在厨房，父亲只知道对着她叹气……虽然他们都爱自己，但都不是自己可以倾诉的对象，她的话是说给那些懂自己的人听的，家里没有。而迄今为止，能够懂她的人，是她的老师顾福生。所以，见到顾福生她非常兴奋，不停地说，她要把这些年憋在心里的话都一股脑说出来。

她说得过于尽兴，都忘了她是来学画的。

顾福生没忘，但是顾福生没有打断她，而是一直微笑着坐在椅子上，盯着她看。那种暖暖的感觉，更让三毛有一种不吐不快的欲望。遗憾的是，话总有说完的时候，她终于找不到新的词汇了，停了下来。

看她不说了，顾福生微笑着问："那么，我们今天画画吗？"

顾福生这一问，三毛才惊觉起来，今天是过来学画的，老师说过，这节课上水彩，她早早地让母亲为自己准备了。

"画，当然要画，你看我带了水彩呢！"三毛快乐地说着，哗啦啦地把水彩倒出来。

宽大的书桌上摆着剑兰和水果。那是老师为她准备的"模特"。她拿过纸笔，不等老师吩咐，大胆地勾画、涂色起来，把剑兰涂成红色，把水果涂成彩色，她都不知道自己是怎么了，就那样开心地、肆无忌惮地画着，最后还把空白的地方涂上蓝色做背景。她从来没这样大胆的用过色。她都不知道自己怎么有勇气用这样色彩浓烈的颜色，就觉得舒服和喜欢。

她肆意地涂着，涂着，想把这些年的压抑都涂出来。

顾福生没有阻止她，更没有打断她，而是一脸欣赏地看着她肆意挥洒，直到她涂累了，自己停下来。这时候也到了下课的时间。

“这几本书，你再拿回去看吧。”下课后，在她收拾物品时，顾福生又递给了她几本书。

三毛接过书，依旧是上次那类杂志，足足有好几本。放在书包里，三毛把书包直接捧在了自己怀里。她喜欢这几本书。

之后每堂课后，顾福生都会拿几本书给她。这时候，她已经和顾福生学画三个月了。

在家里，她仍然不喜欢出门，仍然不喜欢对父母姐弟多说话，但是整个人和善多了。那些书让三毛身上的刺收了起来，变得柔软，柔软地让她想尝试一种新事物。那种事物是写作，她想写，想写那些杂志里的那种文章。但是，她不确定自己能不能写，能不能写好，她要找一个老师。

这个老师自然是顾福生。不过她要亲口问一下顾福生同不同意，她还有些不敢确定。

这一天，她又到顾福生的画室去学画，在画一只花瓶的时候，画着画着，她突然不经意地问了一下顾福生说：“老师，我写文章你帮我看好不好？”

“好啊，当然好。”顾福生愣了一下，马上答复了，答复得亲切自然，让三毛的心里淌出来一股暖流。不过，得到了答复，却不知道写什么了，三个月后，才交给顾福生一篇文章。

顾福生好便好在这里，从三毛说写文章要对方看，到交上文章经历了三个月。这三个月，三毛没拿来文章，顾福生也不追问，就像没有这件事情一样，给了三毛心理上的完全放松。这段时间，三毛像一只小麻雀，欢快地在家和画室间飞来飞去。

不过交完文章之后，以前那个胆小自卑的三毛又回来了，再上课的时候，没去问稿子的事，而是低着头画画，画完低着头离开，下一节课，没打招呼就缺席了，又隔了一周，才踏进了顾福生的画室。

顾福生没有问她缺席的原因，却对她说：“你的文章在白先勇那里，刊登在《现代文学》月刊，你同意吗？”

顾福生说得很轻，像以前一样温柔，但是在三毛听起来却像惊雷，一下子把她镇住了，她呆呆地望着顾福生，说不出一个字来，望了几秒，才挤出一个声音：“真的吗？你没有骗我？”这个声音轻得几乎都听不见，让她怀疑不是从自己嘴里发出的。

“当然是真的，下个月就刊出来了，第一次作品，很难得。”顾福生淡淡地说，好像这一切都在意料之中，完全没有必要大惊小怪。

老师的淡然，使三毛快要跳出来的心平静下来。平静从来不等于不开心。她的内心是雀跃和欢腾的。四年前，那个老师把她定义成了“笨小孩”，她知道她不是，可是不知道怎么反驳，而是把自己幽闭在黑暗里，等了四年。今天看来都是值得的，她等来了，等到了。

一周后，她拿到了那本杂志。捧着这份印着自己文章的刊物，三毛再也掩饰不住自己的激动，回家刚走进院门，就大声而愉快地喊着“爸爸”“妈妈”。

陈嗣庆和缪进兰听到三毛的喊声，慌忙从房间里面跑出来，三毛从来没这样大声地叫过他们，他们以为三毛出了什么事。当听完三毛语无伦次地说自己的文章刊发了，又在捧着的《现代文学》上看到三毛名字的时候，二人激动地流下了眼泪。

三毛一直都是热爱生活的，她一直挚爱着这个世界，是那个固执的老师把她推到了生活的泥潭，她以为自己会一直在那个泥潭里，谁知，顾福生把她从泥潭中拉了出来，让她重新看到了这个美丽的世界。

文章发表，她的心也开始焕发了生机。顾福生有四个天生丽质的女儿，每天穿着漂亮的衣服，像快乐的蝴蝶。三毛平日里都视而不见，这天下课，她在顾福生的院子里看见这四个漂亮的女孩子，突然自惭形秽起来，觉得自己穿的深灰色的衣服，没有一点色彩。她也要穿漂亮的衣服，让自己鲜亮起来。

她找到母亲，向母亲提出要新衣服。母亲当然是惊讶的，但也是快乐的，连忙满足她的要求。穿新衣服还不算，一次母亲带她和姐姐去定做皮鞋，姐姐选了一块黑色的皮料，她竟然破天荒地选择了一块淡玫瑰红的。父亲的朋友从国外捎过来一件淡绿色的衣服，嘱咐缪进兰帮忙送给自己女儿，也被她发现偷偷地穿去了画室。

三毛重生了。

是写文章让她重生的。她一鼓作气，又构思了一个爱情故事。她担心第一篇文章经由老师的手投递，有情谊的成分。这次写好，没有给顾福生看，而是买了个信封，悄悄投了出去。让她没想到的是，这篇文章也发表了。

这真是一个巨大的惊喜，她在自己的小房间里大喊大叫，把自己的喜悦都叫出来。父母不知道她叫什么，进到房间里去看，看到一张写着她名字的报纸，为她高兴得眼含泪花。

从那以后，三毛找到了方向——写稿。为此，她还给自己取了第二个名字：Echo，这个名字来源于古希腊神话。在神话中，森林女神被宙斯的妻子施了魔法，只能重复别人说话。森林女神爱上了一个

男神，却没有办法表达，憔悴而死。报应女神为了惩罚这个无情的男神，让他爱上了自己在水中的影子。影子当然不能拿来当爱人，得不到心爱之人，男神也憔悴而死，死后的他，变成了一株水仙花。Echo就是那个美丽的为爱而死的女神的名字。

有人说，三毛之所以取了这样一个名字，是对于自己的过度自恋；也有人说这是她开始欣赏自己的标志。但自恋也好，自爱也罢，三毛已经从自我否定的阴影中走出来了，这对于她来说，无疑是一件好事。

是顾福生把三毛重新唤醒，找到新生的，三毛对此深为感激，她在作品中无限感慨地说：当年的那间画室，把一个不愿意开口的孩子浇灌成了夏日的一朵玫瑰。

是的，将她灌溉成了一朵玫瑰，让她焕发了少女的热血和激情。为此，她一直称顾福生是擦亮了她的眼睛，拉了她一把的恩师。

第三章　痴锦年，流浪渡情殇

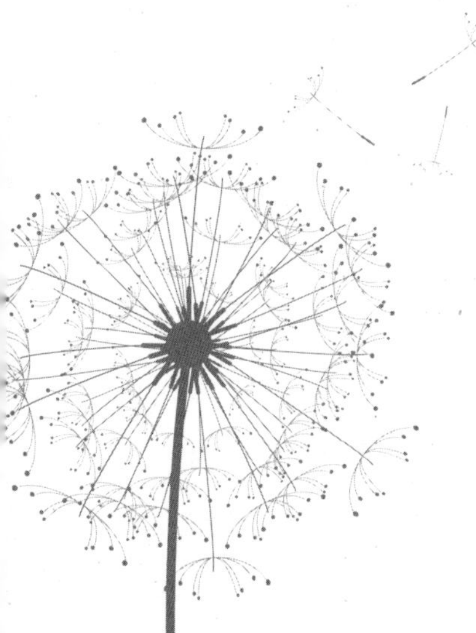

选读生

被肯定了，三毛自然是欣喜的，也因着这份欣喜而快乐，但是长久压抑的胆怯，却是不能马上消散的，三毛还是怕见人。一天，她在长春路的水泥管中钻着玩，远远地看见邻居白先勇走过来，赶紧跑回家躲进了自己的房间。

她不怕的，只有顾福生。不仅不怕，而且已经无话不说。遇到白先勇的第二天，上课的时候，她把见到白先勇的事情告诉了顾福生。顾福生没有说什么，只是反问她，你没有觉得，多交几个朋友很好吗？

顾福生的话又让她胆怯起来，她真没有朋友，除了顾福生可以称得上朋友外，她的朋友就是书了。朋友，是她生命里多么渴望而又多么遥远的一个词，她之所以总觉得孤独，就是因为没有一个可以推心

置腹、共话衷肠的朋友。她需要朋友，迫切地需要。不过她需要的朋友不是泛泛之交，更不能是酒肉朋友，是能把酒言欢、同话生死、互懂彼此的朋友，这样的朋友，又到哪里去找呢？何况她怕见生人，真有朋友了，她管不住她的心愿不愿意见。

她没有回答。顾福生也没有继续这个话题，他们如往常一样，教画，学画。不过几天之后，顾福生递给了她一张纸条。纸条上有一个女生的名字——陈若曦，名字的下面，附着地址。

这个名字，三毛在白先勇的杂志上看到过，是她钦佩已久的知名作家。一个小孩子，一个文学爱好者，能够结识一位知名作家，是何等荣耀和幸运的一件事？她激动不已、兴奋万分，一遍一遍地抚摩着纸条，但却没有勇气去见，她太自卑了，害怕对方不愿意见她。她把那张纸条放在家里，一放就放了三个月。

三个月之后的一天，三毛到画室，顾福生告诉她，已经托人联系好了，就等着她过去了，她才捏着纸条硬着头皮过去。她没想到，这一过去，又给自己推开了一扇门。她去了，陈若曦热情地接待了她。她没想到，陈若曦是那样亲切的一个人，像顾福生一样亲切，对她的病避而不谈，只和她谈文学、谈文章，让她有了一种他乡遇故知的感觉。两人交往日渐亲密。交往着，三毛就发现，老师真懂自己，陈若曦就是自己渴望的那类朋友，陈若曦懂她，懂得怎么呵护她，鼓励她。作为回馈，她也就把自己真实地袒露在陈若曦面前，什么事情都与之探讨，征求意见，当作推心置腹的知己。

陈若曦亦是，把她像一朵娇艳的小花一样呵护，两人有了越来越多的交集。

一天，陈若曦对她说，你应该重新回到学校里去读书，并建议她找中国文化大学创办人张其昀，看能不能到那里去上学。

对于这个建议，三毛有些犹豫，校园是给她最大伤害的地方，她不愿意重新回到那里。但是，陈若曦告诉她，只有在大学的校园里，她才能感受到更多的知识内涵，才能读更多的书，写更好的文章。听陈若曦这样说，她心活了，竟然有了一种马上坐到大学课堂的冲动。当晚，她提笔给张其昀校长写了一封信。那时，她已经发表了两篇作品，勉强有了证明自己能力的“敲门砖”，为了让这块“敲门砖”更有力道，她不仅把自己的失学经历、自己对文学的疯狂热爱都写了进去，还附上了发表的两篇作品和自己的画作。在信的最后，她郑重地写：区区向学之志，渴望成全。

信是早上发出去的，隔天就收到了回信，短短的几个字：欢迎你到我校读书。

拿着信，三毛竟有些热泪盈眶。

看着信，陈嗣庆夫妇更是高兴不已，夫妻俩一同陪三毛去学校办

理了手续。于是离开校园七年后，三毛成了中国文化大学哲学系的一名选读生。

之所以是哲学系，还有一个小插曲。

在申请读书之前，她已经很喜欢油画了，并且在顾福生的指导下参加了画展，得了一个铜奖。到学校注册那天，她拿了自己发表的两篇文章和自己的画。看到她带来的成绩，学校教导主任和几个老师建议她去文学系或者美术系。

的确，按照她的专长和成绩，这两个系都非常适合她，可以说是为她量身定制的。不过，她不喜欢一成不变，不喜欢永远在熟悉的路上走，想去看看其他的风景，思考几分钟后，郑重地在表格上写下了哲学系几个字。读书的时候，她读过不少哲学书籍，虽然看得不太明白，却产生了极大的好奇心，她想探索一下新的领域。

对于她的这个选择，父亲陈嗣庆很惊讶，从学校出来就一再地问："妹妹，哲学很难懂的，你确定你能学下来吗？"

三毛没回答，她也不知道，只知道自己这一刻想敲一下哲学的门。见她不回答，陈嗣庆也就不再追问，三毛能重新回到学校读书，已经是最大的喜悦了。

这一年，三毛十九岁。十九岁，也是一个孩子上大学的正常年龄，她虽然兜兜转转经历了很多事，但似乎也没比同龄人晚。父亲为此长松了一口气，在报名注册回来的路上，他泪光闪闪地说："无论怎么样，妹妹终于上大学了。"

是的，三毛终于上大学了，那个排斥学校的孩子，终于肯心甘情愿地坐进教室了，这让人非常意外和惊喜。然而，生活怎么可能让人永远享受惊喜呢？三毛上学不久就遭遇了不小的打击：她的语文只考了五十八分，不及格，需要补考。

这无疑让她很惊诧。文学一直是她引以为傲的学科，能够入读这所院校也是因为她发表的文章，语文不及格，她怎么都无法接受。

那时候，她已经和老师非常熟悉了，并且早已经打破了少年时期不喜欢和人交往的樊篱，她到老师居住的房子问老师，为什么给她不及格。

老师没气恼她的"直言"，带她去吃饭。在饭桌上，老师气定神闲地问她："你《易经》答得很好，孔子哪一年写的《春秋》你怎么不知道呢？"并告诉她，这道题全班只有她没答上来。

这时，三毛才知道，自己靠着《易经》一道题得了大半的分，而因为基本的常识不知道，老师给扣了剩下的分。可是在她心里，这个知识点实在不值那样多的分，老师有些小题大做。于是笑着说，补考可以，但是题目和方式要由自己来定，自己可以用作文代替试卷。

听着她孩子气的话，老师轻轻地嗔了她一句“没规矩”，不过三毛在老师的语气里听出了宠溺和默许。五天后，她交上了三篇作文。两篇是她的读书心得，一篇是她自己的故事。这篇故事，她洋洋洒洒写了一万多字，相当于为自己做了一个“传”。

整个假期，她都是在等待着补考成绩的焦灼中度过的。终于等来了开学。语文第一节课，老师把她叫到了跟前，问她作文中写的事情是不是真的。她这时才知道，自己那篇写自身经历的作文把老师看哭了。老师对她说：“记住，不要放下你手中的笔。”老师接着告诉她，这次她补考的成绩是九十九分，那一分留给她，让她继续加油努力。老师说完，欣赏地看着她。而她，收到赞赏的讯号，拍了一下老师的肩膀，就跑了出去。

她不是没礼貌，而是兴奋得无以复加。教室里已经没有办法释放她的喜悦了，她奔到操场上，振臂狂喊：“西部万岁！”

西部，是她给语文老师起的绰号。

七年前，她因为一张试卷受辱；今天，因为一篇作文，她得到老师如此高的褒奖，她怎么能不兴奋、激动呢！

奔跑，狂喊，是她抒发自己感情的一种方式。喊完后，她似乎知道自己将来做什么了，老师已经为她指明了路。她要记住老师的话，不停笔。

事实上，她也真的把老师的话铭记于心了，一生都没有停下她的笔，她用她的笔写离合、写悲欢、写爱恋、写自己对人生的思考，写一幅壮美的人生画卷。

初恋

在家中蛰伏了七年，使三毛与这个世界脱节，能够再次重回校园，她异常珍惜这个机会，学习很刻苦，也改了不爱与人交往的性情，和同学相处甚欢，愉快地享受着大学生活。

经过一段时间的适应，她发现一个奇怪的现象，学校里的女生都喜欢说起一个叫梁光明的名字。这马上引起了她的好奇，梁光明是谁？她向同学打听。同学告诉她，梁光明是戏剧系二年级的学生，上大学前做过小学教师，还用舒凡的笔名出版过图书，是戏剧系的才子。“才子”两个字激起了三毛的兴趣，她已经发表过文章，还看了很多书，自诩也是有些才情的，这个被称为“才子”的人，又会是什么样的呢？她太想了解了，就跑到图书馆去借梁光明所写的书。

在她心里，总感觉“才子”两个字有吹捧之嫌，她要去验证。然而，书看完后，她马上为自己的误判懊悔，梁光明写得太好了，她喜欢这样的文字。她一口气把署名梁光明的书都借了来，一本一本地读，结果越读越喜欢，越看越想认识。

“看了他的文章后，我很快就产生了一种仰慕之心，也可以说是一种一个十九岁的女孩对英雄崇拜的感情，从那时起，我注意到这个男孩子。我这一生所没有交付出来的一种除了父母、手足之情之外的另一种感情，就很固执地全部交给了他。”

这是三毛文章《我的初恋》里的文字，每个字都写出了她对梁光明的钦羡与喜爱。如果说女孩子的生命都有一道光来点亮的话，梁光明就是十九岁的三毛的一道光。

三毛是一个早熟的孩子，对生死敏感，对爱情也敏感，上小学时就敏感地认为自己爱上了一个在学校驻扎的士兵，小学要毕业的时候，还和学校的六个女孩子去赴了一场男孩子的约会。所以，遇见了优秀的梁光明，她恋爱的闸门打开，进而沦陷到梁光明的才情里，是一件再正常不过的事。

每个女孩子心中都有一个白马王子，梁光明就是三毛的白马王子。为了守护这个王子，三毛一有机会就像小尾巴一样跟着梁光明，还到戏剧课去做旁听生，更是孩子气地守护在梁光明必经的路口，只为看他一眼，见到梁光明了，还怕发现，就选择远远地跟着……

此时的三毛，变成了一个情窦初开的少女，把一颗对恋爱的心都给了梁光明。不过，碍于女孩子的矜持，从来没有和梁光明打过招呼。

身后有个小尾巴，即使没有正面接近，梁光明也很快就猜到了这个小学妹的心思，见了三毛就躲开，从来不和三毛有交集。这让三毛很难过。但她是一个执着的人，不那么容易被打败，依旧每天跟在梁光明后面，锲而不舍。她感觉自己读一年级，梁光明才读二年级，有很多时间可以追。在爱情这件事上，她非常相信水滴石穿。

不过梁光明对她视而不见的态度，多少让她的心里不舒服。她开始创造和梁光明相处的机会。

孩子的世界，没有什么是一顿饭解决不了的。上了大学，三毛依旧写稿、拿稿费，得了稿费她就请同学们到小吃店大吃，并嘱咐同学们，可以带自己的朋友来参加。她看似请同学，其实是等梁光明，同学请同学，说不上哪天，梁光明就会被邀请过来。

果不其然，她的功夫没有白费，这一天终于让她等到了。那天她接了一百多元台币的稿费，请同学吃“大餐”，大家一哄而上去了附近的小吃店，三毛正在和同学低头聊天，一个同学看见梁光明，把他拉了进来。三毛一抬头就看见了站在面前的梁光明，心狂跳不已，为了掩饰自己的慌乱，她慌忙倒了满满一大杯酒，敬给梁光明。

梁光明并不知道这顿饭是谁请的，看到三毛走过来，一下子明白了宴席的主人是谁，淡淡地接过酒，没做其余的表示，就走到其他桌与人聊天，看都没有再看三毛一眼，把三毛晾在了桌子前。

这本来应该是一件让人气恼的事，但三毛却没有生气，反倒从心里涌上一丝甜蜜，梁光明毕竟来了，她的愿望达成了，那顿饭三毛吃得异常甜蜜。在她的心中，梁光明能来，自己能和心爱的人一起吃饭，就是一种幸福。只是这种幸福没有持续多久，梁光明就早早起身离开了。从始至终，都没有多看三毛一眼，更没有和三毛说一句话。

梁光明一离开，三毛的心也就跟着离开了，她看着满盘珍馐，再也提不起兴致。

梁光明的冷淡，更坚定了三毛追求他的心。三毛就是这样锲而不舍的女子。吃饭事件之后不久，三毛在操场上闲逛，看见梁光明站在不远处的树影下，不由自主地向树下挪动着脚步。挪了几步却挪不动了，远远地看着梁光明。

梁光明也看见了三毛，不过没像以往一样掉头就走，而是向前走了几步，走到三毛的跟前，和三毛两两相对。

此时，周围很安静，空气也仿佛静止了，偌大的操场上只有四目相对的两个年轻人，他们相互对视，谁也没有说话，但谁也没有挪开

眼睛，对视了好久。

于三毛，这对视是惊喜也是煎熬，惊喜的是梁光明没走，煎熬的是梁光明不说话，不知道还要对视多久，还能对视多久。她是一个女孩子，怎么好先开口，开口说什么？这时她看见梁光明的上衣口袋里插着一支钢笔，伸出手来拿过钢笔，抓起梁光明的手，在他的手臂上写下了一串数字。

她写的是自己家里的电话号码。写完之后，才想起害羞来，余下的两节课都不上了，头也不回地跑回家。

回家后，她开始等梁光明的电话。直觉告诉她，梁光明一定会给她打电话。

整整一个下午，她都守在电话旁，电话铃声一响，马上伸手去接。遗憾的是，一下午来了好几个电话，却都不是找她的。她的心开始烦躁和慌乱，在房间里来来回回地踱着步，最后为了止住心里的慌乱，倚着门框一下下抠门框上的木屑。

开始的时候，母亲缪进兰没有觉察三毛有什么异常，等看到三毛一次次高兴而来、失望而回，才看出了些端倪，猜想女儿一定是恋爱了。自己当年恋爱的时候，也是这种焦灼的状态。那种情景仿佛还在眼前，没想到一转眼自己的女儿也恋爱了。又转念一想，自己当年和丈夫相识是十九岁，如今女儿也十九岁，也该享受爱情了。就是看女儿焦灼的形态，好像女儿要比男孩急迫，这让她有些担忧。

她刚想过去询问，电话响了。还没等她反应过来，三毛已经抓起了电话。

“喂，七点钟，好好好，我一定早到。”三毛的声音娇羞起来，娇羞中带着紧张，可能也是太过紧张，只讲了这两句，三毛就放下了电话，之后就是不停地看表，看表，盼望快点到七点钟。

今生就是那么地开始的
走过操场的青草地
走到你的面前
不能说一句话
拿起钢笔
在你的掌心写下七个数字
点一个头
然后
狂奔而去
守住电话
……
七点钟
你说七点钟

好好好，我一定早点到

这是三毛《七点钟》的歌词，她苦追的梁光明，终于在追了四个月之后，在一个七点钟的约定里，守得云开见月明。

情殇

三毛和梁光明的这次见面，由于相识已久，又志趣相投，虽然是首次约会，也熟稔融洽、相处甚欢，见面之后，三毛和梁光明正式确定了恋爱关系。

追到了心仪的白马王子以后，三毛的小女生性情逐渐显露出来，像其他女生一样，她喜欢浪漫，喜欢爱情的仪式感。两个人一起走，她要求梁光明必须牵着她的手，揽着她的腰。梁光明是一个随性的人，对这样的“繁文缛节”有些反感，但是他喜欢这个有才情的小女生，虽然心里不愿意，也依从了她的建议，在一起走的时候牵着她的手，揽着她的腰。

两个人浪漫地相处着，很快就成了校园里一道靓丽的风景线。大家都知道戏剧才子梁光明和文学少女三毛在一起了。

三毛要的就是这种公认，这样她就可以光明正大地拥有梁光明。三毛是被梁光明的名气吸引来的，仅算一种追星和崇拜，还不了解这个人，而相处下来她发现，梁光明不仅仅有名气，两个人还有很多共同之处，都喜欢文学，都有才情。

人生最大的喜事是他乡遇故知，两个人相处之后发现，彼此就是自己的“故知”，相处得异常愉快，很快就如胶似漆。三毛更是把自己的心都给了梁光明，全心全意地和梁光明谈恋爱。

这个时候的三毛，就像注入了一种快乐因子，身上和脸上都洋溢着快乐和幸福，相处不久就把梁光明带到家里给父母看。陈嗣庆夫妇也马上喜欢上了这个既有才情、学识渊博，又彬彬有礼的男孩子。

一天，陈嗣庆对约会回来的三毛说，妹妹，这次不要再胡闹了，好好和人家谈恋爱。

三毛知道父亲说的是什么事，十三岁的时候，有一次自己到码头玩，遇到一个水兵，她谎称自己十六岁和人家谈了一阵恋爱，回来还信誓旦旦地向父母宣布自己恋爱了。结果再也没有去过码头，便不了了之了。

父亲指的就是这件事，处世踏实严谨的父亲看不惯自己这样随随便便就去和男孩子谈恋爱，交朋友。但是那时候自己还小啊，只是一个孩子，根本就不懂什么是恋爱。只不过是小说看多了，想体验一下恋爱的感觉罢了，那怎么能算作恋爱呢？恋爱需要怦然心动的感觉，只有遇到了梁光明，她才有了这样的感觉，梁光明才是她真正的爱人和恋人。

看来，父亲还是不太明白她。她要和梁光明认真恋爱，而且正在认真恋爱。

何况，她越来越觉得梁光明就是她要寻觅的那个白马王子，梁光明儒雅、有礼、博学、有才情，正是她幻想的男朋友类型，这样优秀的男朋友，怎么能不认真？她爱梁光明，她太爱梁光明了，爱到心尖，骨头里。

人，爱到极致，就害怕失去。三毛也是如此。在她眼里，梁光明太优秀了，优秀得让她觉得自己非常平凡。平凡的自己怎么能把优秀的白马王子留在身边呢？答案当然只有一个，与之结婚。只有结婚，才能把他永远留在自己身边。

两人交往一年多，三毛向梁光明提出了结婚。那天阳光大好，梁光明正和她牵手走在校园小路上，不少经过的学子都用羡慕的眼光看着他们这一对相恋的璧人，三毛拉着梁光明站定，说：“我们结婚吧。”梁光明还沉浸在刚才的浪漫里，没明白怎么回事，当听明白结婚两个字时，愣了一下，温柔地说：“我们还在上学，怎么能结婚！”

三毛撒娇地看着梁光明：我就是要和你结婚。你爱我就结婚，不

爱我就不结婚！

“我爱你，但是我现在真不能和你结婚。”梁光明看着她，“我还有一年就毕业了，你也还有两年，我们毕业了再谈结婚的事好吗？”

“不好，我就要现在和你结婚！你要是不结婚就别来找我了。”三毛霸道地大嚷一声，跑开了。

她跑回了家。一进家门就告诉陈嗣庆夫妻，自己想马上和梁光明结婚。

对于女儿的“突发神经”，这两位老人早已经见怪不怪，可是这么突然还是让他们心里有点打鼓。

“梁光明提出来的？他同意了？”

“是我提出来的，不过他会同意的，他要是不同意，我就休学，出国到外国念书。”

三毛说这些的时候，内心是疼痛的。但陈嗣庆和缪进兰二人并没有察觉，他们觉得女儿又在任性闹脾气，想再劝三毛点什么，三毛已经出门了。

三毛又去了梁光明那里。这一次去那里，依旧是那两句话，她要梁光明同自己结婚。

“你说什么呢，我不是和你说过，我现在不能结婚，我们都还没毕业呢！”梁光明不明白她为什么这么执着，还以为她像以往一样无理取闹，声音里夹着怒气和不理解，说话的声音很大。

两人站在操场上，突然高出的分贝引来了同学的侧目，大家纷纷往这边看，让梁光明很尴尬，为了不再引人误会，他把声音放低。三毛的声音却高了起来：“你要是不答应和我结婚的话，我就出国留学，让你再也见不到我！”说完还从梁光明身边跑开，再一次把梁光明扔在了那里。

这样的情景，梁光明已经习惯了，他没有去追，任凭三毛跑远。

三毛跑着跑着就后悔了，但是女孩子的骄傲让她没有回头去找梁光明，而是回到家里等梁光明找她。

这是她最后一根稻草。她知道梁光明是爱她的，既然爱就不会让心爱的人远走他乡，就会追来挽留她。那样她就留下来，或者说服梁光明随她而去，无论怎样，她都能和梁光明双宿双栖，享受着美好的爱情。

然而，她想错了，有时候美好都是自己臆想出来的，而过于任性和想当然也是会付出代价的。尤其是在男女交往、谈婚论嫁这样的事情上。

她等了三天，梁光明都没有来，她赌气地去学校办理了出国留学的手续。即使这样，梁光明也没对她进行挽留，只是说了一句“旅途愉快，一路顺风”。

旅途愉快，一路顺风。三毛在心里哭了，这不是她设想的结局，她预定的剧本里没有这一句对白。

然而，她是自尊的、是骄傲的，即使极度悲伤也不肯后退一步，她说："谢谢，我会旅途愉快。"然后，头也不回地走了。

她这样决绝，是不想让梁光明看见自己的眼泪。她是那样爱梁光明。她甚至还存有一丝侥幸，认为梁光明也是一时气恼，会像以前吵架一样过来哄她，如果那样她就撕了退学手续，重新入学，不再闹了，一切重新开始。

然而，她这次又错了，梁光明没来哄她，更没有见她，几天后她得到一个消息，梁光明去美国留学了。

她的心，在那一刻万箭穿心。她没想到，自己设想的完美逼婚，竟然把自己心爱的人逼走了。

谁的初恋不带伤，哪个初恋不刻骨。

在这场勇敢追爱的角逐里，三毛受伤了，伤得很深，很疼。她躲在自己的房间里不肯出来，不和任何人说话，重新把自己锁进了一个人的城堡。

出走欧洲

梁光明出国，让三毛猝不及防。她只是想用自己出国的方式逼迫梁光明和自己走进婚姻的殿堂，没想到梁光明竟然以这样的方式和自己分开，三毛的心，碎了。

从认识梁光明的那一天起，她就认定自己要和梁光明在一起，梁光明是她的世界，是她的所有快乐，没有了梁光明，她觉得生活都没有了意义。一个雨夜，她又把刀子划向了自己的手腕。

还是母亲发现了她。父母几近疯了，尤其是母亲，一遍遍地在她的耳边呼唤着名字，眼睛一眨不眨地盯着看她，父亲也一改平日里的严肃，陪在她的床前。

三毛从昏睡中醒来，一眼就看见两人憔悴的泪眼。她的心瞬间痛了一下。许多年来，父母已经为她付出了很多，而她回报的，除了让

她们担心还是担心，这是何等的不该，何等的不孝啊！三毛的眼泪流了下来。

只是，自己又怎么能在这个伤心的地方待下去，怎么能再上阳明山？学校里的每一条小路都有两个人浪漫的印记，学校里面的大多数同学都知道梁光明和陈平是一对才子佳人。

“爸爸，妈妈，我想离开这里，去欧洲。”

“平平，一定要去吗？”缪进兰一脸哀愁。

“一定要去。”

“不去可不可以？”

“不可以，不去，台北我没有办法待了啊。”

短短几句对话后，三毛登上了去欧洲的飞机。

三毛的目的地是西班牙。

之所以选择西班牙，是缘于她听过的一张唱片。上大学二年级的时候，她听到一张唱片，那张唱片是描述西班牙风光的，在优雅而舒缓的旋律里，浪漫而极富想象力的三毛仿佛看见了唱片中描述的白房子、葡萄园和小毛驴。她也通过地理知识，了解了西班牙人热情奔放、自由浪漫的性格，便对这个国家情有独钟。这次她的心被伤得这样深、这样痛，首先想到的就是到这个神奇的国家去看一看。

带着一颗受伤的心，怀着一份换一个环境，换一份心情的美好想象，三毛奔赴马德里。

这一年是1967年。

世界上所有的幻想都是比现实美好的，反之，所有的现实都没有想象中的感觉美妙。三毛不会西班牙语，到了西班牙，她几乎成了哑巴，不知道人家说的是什么，没有办法沟通。想要在这里学习，就要懂人家的语言。三毛开始补西班牙语，补了好几个月，勉强能听懂了，就去申请了康普顿斯大学。

康普顿斯大学是马德里的顶尖学府，在哲学方面很有名望，三毛申请之后成了其哲学系的一名新生。

这时1967年已经过去了一半。

办好了入学手续，三毛住进了康普顿斯大学的宿舍里。每个宿舍住四个人，另外三个女孩子都是西班牙人，三毛是唯一的外国人。开始的时候，几个女孩子对这个漂洋过海而来的东方女孩充满了极大的友爱和热情，她们叫三毛“亲爱的”“宝贝”，相处得异常融洽。而三毛由遥远的地方漂洋过海而来，千里迢迢，母亲怕她在异国他乡遭受欺负，临行前嘱咐她，一定恪守东方的谦虚、勤快善良的美德，与人为善，她便谨记于心，和室友们相处得也是异常融洽。融洽得让她恍惚间感觉，自己就是一个平衡东西方文化的和平大使。

然而，学校是不需要“和平大使”的。三个室友看见三毛任劳任

怨、吃苦耐劳，从铺床叠被开始，到把宿舍里所有的事情都留给她做，甚至帮自己取一下裤子，涂一下指甲油这样的小事情，也都要三毛代劳。三毛的衣柜更是成了大家公用的衣橱，不仅是同宿舍的几个女生，班级的三十六个女生都到这里借衣服，甚至有时候说都不说一下，穿了就走。

三毛本来就是一个随性的人，这些都忍受了。只是，她不知道，有些事情是你越忍让，对方越会变本加厉。宿舍的地没扫干净，被检查卫生的院长训斥了，三个女生会跑过来指责三毛为什么不把地扫干净些；水瓶里没有水了也会指责她不打水；女孩子喜欢扎堆聊天，而聊天的场地却始终是三毛的床上。

这些，就有些令三毛无法忍受了。

一次，三毛正躺在床上休息，女生们在外面喝了点酒回来，又躺在她的床上唱歌、嬉闹，三毛提醒她们回自己的床上去，几个人不听，反倒嬉闹着把她推下床去，这让她分外恼火，大声叱责她们马上从床上下来。几个人看见三毛发怒，愣了一下，转而却笑得更疯了，笑着、闹着，就差没把房顶掀起来。

这一下子冲破了三毛的底线，她愤怒地打开了窗子。

没有一所学校是允许学生们在宿舍里大吵大闹的。窗子一打开，笑闹声马上飞到了院子里。院长正在巡逻，听到吵闹声，沉着一张脸走进来，问是谁起头。女孩们吓得不敢说话，呆愣愣地望着三毛。院长看见女孩子都挤在三毛的床上，还都齐刷刷地看着三毛，一下子就判定是三毛发起的，粗暴地告诉她，不是看在她是外国学生的分上，早就把她赶出去了，现在闹成这样，她还偷偷卖避孕药，让她马上滚出去。

避孕药和滚出去几个字刺痛了三毛的神经。她生平最不能忍受的就是被冤枉，是有人卖避孕药，却不是她。

一直以来她都是宿舍里做事最多的一个，竟然被凭空冤枉，巨大的委屈让她不能再忍下去，她一边大声辩解着倒卖避孕药的不是自己，一面拿起扫把向那几个室友打去。

病猫突然变成了猛虎，大家都吓呆了，纷纷惊叫着逃离，还吵嚷着叫警察。院长更是气恼不已，喝令她第二天在全校师生面前道歉。三毛没有道歉，也不再信奉吃亏是福少说多做的处世哲学，起床就离开，既不收拾床铺，也不做卫生，即使坐在了电话旁，也不会帮着室友接电话，不再看谁的眼色。

三毛的一反常态，让几个女生大吃一惊。她们不知道三毛也会这样硬气，更不想和这个女孩子闹僵，对她客气了许多。女孩子的态度让三毛很意外，不过既然人家示好，为什么不主动相迎呢，三毛很快和几个人和解，打成了一片。

三毛一直渴望有朋友，但是在国内她却罕有朋友，这三个女孩子，虽然没达到她心中推心置腹的朋友标准，然而不打不相识，她们也给了她朋友般的温暖，让她冷寂的心融入了些许温情。

她被爱情伤了的心，在女孩子们的友谊里，被一点点温暖了。

一见荷西

解决了室友相处的烦恼，三毛爱玩的性情也被西班牙这个国家的浪漫情怀激发出来，平时在学校里面念书，假期就闲不住了，自费到巴黎、慕尼黑、罗马、阿姆斯特丹等地旅行，见更多的风景。不旅行的时候，她会和同学去打网球，唱歌跳舞，参加聚会，日子充实而丰富、鲜亮而明媚。

时间转眼就到了圣诞节——一个在西方非常盛大的节日，三毛去了父亲的朋友家。父亲的这个朋友和父亲交情甚笃，三毛到西班牙后深得他的照应。而且他们家有三个孩子，年龄和三毛相仿，几个人经常在一起玩。这样热闹的节日，三毛自然又被邀请过去，几个孩子见面就嬉笑玩闹，释放着属于年轻人的豪情，正闹到高潮，一阵敲门声传来，接着一个男孩走了进来，给热闹的场面画上了休止符。

这个男孩是父亲朋友家的邻居。西班牙有一种习俗，每年的圣诞节都要到邻居家做客，庆祝新年的到来。这个男孩子就是应这个习俗到父亲的朋友家来玩的。

男孩长得很英俊，三毛看到这个男孩，心里颤动了一下，随后发出一声惊叹：世上怎么会有这样漂亮的男孩子呢？

这个男孩就是后来让三毛魂牵梦萦的爱人荷西。不过，这时候他还只是一个未满十八岁的孩子。他本来是过来玩的，但是看到三毛后便错不开眼睛：黄色的皮肤，大而明亮的眼睛，还有那一头乌黑的长发，这不正是梦中情人的样子吗？

男孩少年时就梦想着娶一个美丽的东方女孩。那时他才十三岁，看到一张东方女孩的海报就对东方女孩情有独钟了，至于为什么如此迷恋，缘于他的姐姐们。他是家中最小的孩子，上面有六个姐姐，姐姐们什么事情都指使他做，而且态度粗野、蛮横，让他感觉西班牙的女人太不温柔，就把婚姻的对象定成东方的女子，认为东方的女子温婉贤惠。

眼前的这个东方女孩，和他见到画报中的女孩的样子十分相像，一下子撞开了他的心门，他轻轻说：“好漂亮的东方女孩子啊。”然后就呆呆地看着三毛。

三毛被看愣了，呆呆地望着眼前的男孩。两个人尴尬地相互对视着。

热闹的场合是不会冷场的，父亲朋友家的几个孩子慌忙过来做介绍，三毛才知道这个男孩是附近的邻居，今年正在读高三，是按照西班牙的习俗过来庆祝圣诞节的。介绍完，又告诉三毛一串长长的名字。

三毛是一个连自己名字多一个字都嫌麻烦的人，当然没想记住这样长的名字，直截了当地对男孩说：“你的名字，我记不住，那么我就叫你‘荷曦’吧。”

在三毛看来，这个大男孩就像清晨的第一缕阳光，明媚而温暖，这个名字最适合不过。

至于为什么后来变成了“荷西”，是因为她觉得“曦”字太麻烦，恐怕一个外国人不会写。

自然这都是以后他们交往时候的事情了，现在她面前站着的，仅仅是她觉得像阳光一样充满活力的大男孩，她很高兴多认识一个朋友。

那天的聚会很愉快，都是一群年龄相仿的孩子，怎样相处都不够，几个人玩到了将近黎明时三毛才离开。离开了也就淡忘了，对方还是一个读高中的大孩子，记住了又能怎么样呢，和自己的弟弟年龄一般大，充其量算是一个弟弟吧。

但是三毛不放在心上，不等于荷西不放在心上。荷西本来不是父亲朋友家的常客，自从在这里遇见了三毛，就成了这里的常客，有事没事都会往这里跑，以至于三毛去的时候总是能够看到他。因此两个人也渐渐熟络起来。只是好日子总是短暂的，假期很快就过去了，三毛和荷西都回到了学校。

按道理说，这样就不会再产生多少交集了，可是荷西却忘不了三毛，偷偷攒下了十四元钱，从学校跑到三毛的宿舍去看她。他还是一个高中生，没敢去会客室，更不敢大声喊，只是站在三毛的宿舍楼底下，紧张地捏着手里面的毛呢帽。很巧的是，荷西被三毛的一个室友看见了，室友问他找谁，他说找三毛，说完就羞涩地不敢说话了。但是调皮的室友却看出了什么，嬉笑着告诉三毛："你的表弟来了。"

三毛那时候还不知道，在西班牙"表弟"有嘲弄和起哄的意思，专门用来捉弄恋爱中的男孩子。听到有人告诉她"表弟来了"还在想，自己的表弟远在中国台湾，怎么会漂洋过海来到西班牙，而且这么精准地找到这里。她急急忙忙跑到阳台，看见了站在楼下面的荷西。

见到荷西，三毛就气不打一处来，现在是上学的时间，一看就是从学校逃出来的。而她深知学业的重要，最不能忍受逃学。

"居然逃课过来！"她劈头盖脸一顿数落："你怎么不上课就过来

了，你知不知道上课很重要！”

荷西不说话，更不辩解，只是从口袋里掏出一把零碎的钞票。

“我，我想请你看场电影。”

“看电影，为什么找我看电影？”

“没有为什么，就想找你看一场电影。”

荷西说完，又补充一句：“你一定要选一家近一点的电影院，因为我的钱只够买两张电影票，没有钱坐车。”

三毛一下子笑了起来。这个男孩实在是太有意思了，只带了买电影票的钱就学人家约会。不过她没拒绝，并且选了一家附近的电影院，两个人走着路去看了电影，又走着路回来。回来之后，三毛语重心长地告诉他，好好上课，再也不许逃学过来了。

三毛以为这就结束了，没想到这却仅仅是开始。没有几天，荷西又出现在了宿舍楼底下，后来几乎每天下午的后两节课都跑过来。惹得室友们看见就狂叫“表弟来喽！”

三毛知道荷西又是逃课来的。来了总不能把人打发回去，两个人就手牵手到街上去散步，不然就到附近的一个旧物市场去闲逛，要是天气冷了，就拿一张长椅子，坐在地铁站的出口吹热风。不长时间，马德里的大街小巷就都留下了两个人的足迹。

在相处的这段日子里，三毛一直把荷西当成弟弟看，但是走过青

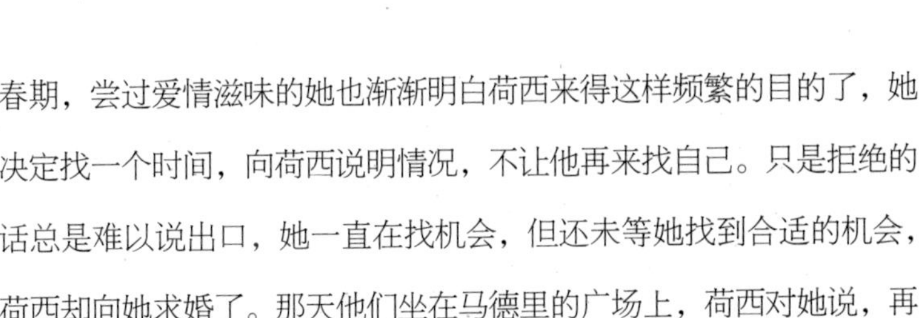

春期，尝过爱情滋味的她也渐渐明白荷西来得这样频繁的目的了，她决定找一个时间，向荷西说明情况，不让他再来找自己。只是拒绝的话总是难以说出口，她一直在找机会，但还未等她找到合适的机会，荷西却向她求婚了。那天他们坐在马德里的广场上，荷西对她说，再等自己六年，四年读大学，两年服兵役，之后回来娶她，两个人建一座小房子，她什么也不需要做，等着自己养。

荷西的构想，一下子激起了三毛心中藏起的那个梦。和梁光明在一起的时候，她就设想着有一个小房子，之后两个人在一起柴米油盐过一生。也为了这个梦，她才逼梁光明结婚，走进婚姻的殿堂。她是世间一个平凡的女子，只想要平凡的生活。然而，梁光明没有同意她的求婚，这个梦也就成了昨日云烟，她都几乎忘了。如今竟被这个小自己八岁的少年提到了，许诺了。难道这就叫造化弄人吗?

她果断地拒绝了荷西。不是不想听这样的话了，而是荷西太小了，十八岁，才读高中，还是一个男孩子，怎么能答应呢?

所以，即使在一起玩得很开心，三毛也只能残忍地拒绝他。

她在自己的书中提起这件往事时说：“我跟他说，荷西，你才十八岁，我比你大许多，希望你不要再做这个梦了，从今天起，你就不要来找我，因为六年的时间实在太长，我不知道自己会在哪里，我不会等你六年，你要听我的话，不可以来缠我……”

说完这段话三毛的心是痛的。

“马德里是很少下雪的，但是在那个夜里下了很大的雪，我看着荷西挥着法国帽消失在雪夜里，几乎忍不住喊：‘荷西回来’。”

这是三毛书中的文字，这段文字，写出了她当时所有的心痛。

她没有喊“荷西回来”。荷西也真的信守承诺，没来找她。

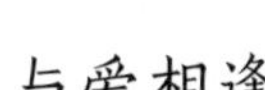

与爱相逢

拒绝了荷西之后，三毛把所有的精力都放在了学业上。她最愿意上的课是艺术课。这门课，不同于其他科的上课方式，是在美术馆上，欣赏分析和评鉴各个时期的优秀作品。课程的地点在普拉多美术馆。

普拉多美术馆是世界上藏画最多的美术馆，收藏了大量的美术作品和建筑作品。三毛一直对艺术有浓厚的兴趣，加之有好几次学画的经历，对艺术更是深爱至极，知道在美术馆上课之后，恨不得只上这门课。

自然，她也有办法，那就是逃课。她一直对逃课有深深的排斥感，但想到这次逃课是从一个课堂逃到另一个课堂，并不是去游山玩水、肆意挥霍，愧疚感就小了很多，于是就心安理得地泡在美术馆里。

不过她是来读书的，不是专攻美术史，还有其他课程要学，课堂和美术馆好像是一个永远没法调和的矛盾，在学校里每节课都按部就班的上，就没有时间来美术馆；来美术馆，势必会落下其他的课。三毛似乎又面临着鱼和熊掌的问题。但是，聪慧如三毛没有被难倒，她很快就想到了策略，借同学的笔记抄写。

三毛的同学中，有一位日本的男同学，是学霸级的人物，笔记记得异常清晰。三毛就借他的笔记。三毛的记忆力好，抄完之后就能记下大半，再抽空翻翻，就能完美应对考试了。这位同学就成了三毛的“御用”笔记提供者，一从美术馆回来，就找这位同学借笔记。

三毛不知道，这份抄笔记的缘分，打开了她的另一段情缘。这位同学向她示爱了。

此时的她，还记着自己曾经拒绝过一个痴爱自己的男孩荷西。为了让这个痴心的少年彻底死心，同学向她示爱后，她经常带着这名同学和荷西擦肩而过，并郑重地介绍这是自己的新男朋友。荷西每一次都显得很大度，按照西班牙的礼节，亲吻三毛脸颊，和这位新男友握手，并且重承诺地再也没有纠缠过三毛。

但是，三毛知道，荷西的心是痛的。

但她顾不了那么多，成长都是痛的，她只需荷西忘了自己。至于

自己同不同这位男友结婚，她没想过。

她没想过，不等于这位日本同学没想。日本同学按捺不住了，接触了一段时间之后，就送来了一份大手笔的礼物——汽车，并告诉她，这是订婚礼物。这份大手笔的礼物把三毛吓了一跳，她这时才知道，自己该做一个抉择了。这个同学对她太好了，曾经给过她很多贵重的礼物，可是她不想嫁他啊。对于她要嫁的人，一定是要有怦然心动的那种感觉，这个男友没有给她这样的感觉。可是，收了人家的东西又怎么拒绝，她不知道怎样开口了，靠在同学开过来的汽车上哭了起来。

她一哭，把这位日本同学吓住了，慌忙问她怎么了，是不是自己哪里做错了。她不说话只是哭，哭得男人心痛不已，说："你要是不想嫁，就不嫁，别哭啊。"

她等的就是这句话。男友说出这句话，她止住了眼泪，同时也止住了这段恋情。

这时候也到了假期，三毛不想回家，就买了机票跑到巴黎、慕尼黑、罗马转了一大圈，回来的时候已经开学了。

都说读万卷书，行万里路，转了一大圈之后，三毛的心定下了一些，不再流连于玩乐，转而专注学业。她好奇心强，对什么都感兴趣，不仅修哲学，还去报了现代诗、西班牙文学和艺术史。

文学和艺术，一直是三毛的最爱，决定专心学习了，她每天不是捧着厚厚的书去教室，就是去图书馆，在图书馆一泡半天。如此用功，她的成绩自然优异。

一个东方女孩，梳着披肩长发，穿梭在校园间，已经是一道风景了，而且又才思敏捷，成绩优异，她马上吸引了一个男生的目光。

这个男生是德国人。他一直有一个外交官的梦想，学习特别勤奋刻苦。学习是一件枯燥的事情，尤其是一个人的时候，会感到长路漫漫。他发现还有一个女孩和自己一样勤奋刻苦，笃定她是一个同自己一样喜爱学习的人，还是位颇具魅力的东方女孩，于是对她展开了追求攻势。

三毛没打算再谈恋爱。但德国人以严谨勤恳著称，这个男生又总带着她读书学习，让她觉得两个人可以齐头并进，共同完成学业，于是接受了男生的鲜花。两人交往了几个月后，男生完成了学业。他的志向是外交官，需要回到德国去。作为正牌女友的三毛决定与他同行。

不过到德国是需要费用的，父亲每月只寄给她一百美元的生活费，这样少的钱，除去零零碎碎的开销所剩无几，根本就不够应付机票钱。她又不想给家人增加负担，开口同父亲要，就找了一份导游的工作，工作了三个月后，拿着薪水和男友飞到了德国。

踏上德国的土地，三毛又是一阵热血沸腾，这是一个新的国度，她将开始新的生活。要读书就读最难的学科，要上学就上最好的学校，这句话一向是她的求学准则，到了都柏林她马上向西柏林自由大学哲学系递交了申请。她已经怀揣着康普顿斯大学哲学系的毕业证书，这让她的申请特别顺利，很快就通过了审核。

然而，申请容易，入读却不容易。她不会德语，于是为了先学好德语，她先进了歌德学院语言学习班。按照规定，她必须通过考核，拿到高级德文毕业证书才可以正式入读大学。为了顺利拿到这份证书，三毛拿出了在学校联考时候的那种拼劲，没日没夜地学，每天学习的时间将近十六个小时，甚至都舍不得睡觉。付出总会有回报，这样拼搏了三个月，几乎是德语零基础的她，拿到了德语初级毕业证书。接着又一鼓作气报了中级班和高级班，凭着拼命三郎的精神，很快也拿到了毕业证书，创造了拿三个证书最短的纪录，连老师都说从没见过她这样拼搏的人。拿到三个证书后，三毛正式成为歌德学院学生。这时候，她才来德国一年。

三毛为自己的拼搏感动。但她很快发现，自己的拼搏相对于她的德国男友，简直小巫见大巫。这位德国男友，继承了德国人的严谨和惜时如金，夜里攻读到半夜不算，晚上睡觉耳朵里也要插上耳机。男友说这样虽然肉体睡着了，但是大脑潜意识里也能复习那些知识，认真和努力的程度让三毛叹服。

努力也有烦恼。三毛和男友是恋人关系，她也是为了他奔赴德国的，但是这个“学痴”男友每天都把时间安排得满满的，根本没有时间和她约会。即使约会了，也是挤在书桌前看书学习，把原来浪漫的恋爱变得枯燥无比，两个人的关系也不像恋人更像是一对挑灯夜战的学友。这让生性洒脱随性的三毛很郁闷，她在恋爱啊，何况她平时最讨厌墨守成规，男友这样的态度让她有些受不了。

然而，她的男友却没有觉察到这些，因为他的心里只有外交官的梦想，他想成为德国最伟大的外交官。

他自己怀有这样远大的梦想，对女朋友在学业上的要求自然也不低。他不仅不关注三毛的情感，还监督起了三毛的学习，一次他听说三毛在学校听写的时候弄砸了，把她狠狠地骂了一顿。听写失利本来就很难过，又被男友骂，三毛心里堆积了满腹委屈，把书包埋在雪堆里，从学校里逃了出来。她有朋友住在东德，她要去那里过圣诞节。这也算是对德国男友的一种无声抗议吧。

到东德是需要办签证的。三毛把护照递进了签证窗口，却马上被退了出来，原来三毛持的是台湾护照，而在这里是不予通过的。

屋漏偏逢连夜雨，三毛沮丧地不知道该怎么办好。这时一个德国军官走了过来，问明情况后把她放了过去。她以为军官只是顺便帮了

一个小忙，回来的时候才知道不是，这个军官是一个极度热心的人，怕她回来的时候再遇到麻烦，等在了出口处，把她送上了车。

三毛的心里本来是充满怨气和委屈的，军官这个善意的举动让三毛的心温暖了很多，回来也不再和男友怄气。但对男友的那颗心也淡了很多，她要的是男朋友，不是学习机器，不是导师。

然而，德国男友并不知道这些，看见女朋友不再和自己怄气，他很高兴，并没有注意到三毛的这份冷淡，依旧醉心于自己的学业。三毛也把精力重新放在了学业上，两个人就这么淡淡地交往着。

一切都在德国男友考上外交官的那天戛然而止。

那天，德国男友通过了考核。正式成为一名外交官，他第一时间把这个好消息分享给三毛，并告诉她自己的心愿已经达成，可以好好陪她了，三毛却告诉他不用陪了。

是的，她不需要陪了，她已经等了他三百多天，这三百多天她适应了孤独，却没有学会等待，她等够了。

听到她的回答，男友明白了她的意思，哭了，问她自己还有没有机会？她没有说话。她不想说了，就和她不想等了一样。看她不作答，男友不知道说什么了，只是说他会一直等她，等她回心转意为止。而且他真的信守承诺，一直等着三毛，就连听到三毛和荷西结婚的消息也没有死心，荷西去世，他又来求三毛嫁给他。

三毛依旧没有给他答复。要怎么答复？他不知道在德国提出分手那天，三毛就已经在心里给他们的恋情画上了句号。画上了句号的爱情，又怎么能重新开始呢？

回台湾

三毛对美术和艺术有种莫名的偏爱，所以在德国时她还修了艺术史。和德国男友分开后，三毛把精力专注在了学业上。

三毛一直迷恋高更的画，艺术史课堂老师放幻灯片，刚露出一点色彩她就猜到是高更的画作，这让老师惊叹不已，对这位东方学生刮目相看，也对她青睐有加。有了这份厚待，她的学业自然优异非常，并且以这份优异的成绩从学校毕业。

这本来是一件让人振奋的事情，三毛的心里却产生了一丝迷茫：这些年来，她辗转各处都是在求学，就算因为爱情跟随男友来到德国，也是在学校读书。如今就要从校园步入社会了，她不知道去哪里、做什么？

她是随男朋友来德国的，如今和男友和平分手，这个国家对她来说，也没有再待下去的意义了。

回台湾吗？她不想。

左思右想，她决定去美国。

之所以选择美国，是因为她有一个堂哥在美国工作。不想在德国待了，更不想回台湾，堂哥所在地似乎是最好的落脚点。

三毛给堂哥打电话，告诉他自己要来美国。她以为堂哥会开心地邀请她并帮她办理手续，谁知堂哥告诉她，她没有一技之长，最好待在德国，在美国没有一技之长很难生存。

堂哥的话像一盆冷水，将三毛心中的那一盆熊熊烈火无情扑灭。没有一技之长就不能去美国吗？三毛有些不太相信，而且她也是真想去美国。她悄悄申请了伊利诺伊大学，又是紧张的学习与准备，这段时间最熬人，也最充实。大约一个月之后，三毛收到了入学通知书。本着换个学校、换种心情的想法，这次她主修的是陶瓷。

简单打点行装，她登上了去美国的飞机。

生活费依旧是头等问题。为了保证在美国生活费充足，她早早就托朋友帮忙在申请的大学找了一份图书管理员的工作，在美国一落地就直接入了职。把一切都安顿好后，她给堂哥打了电话。

“什么，你到底来美国了？”堂哥在电话里不敢相信。

“我来了，我还通过了大学申请，现在是伊利诺伊大学的学生。”

她在电话里得意扬扬。

木已成舟，堂哥再也没有办法阻拦，只得拜托一个在伊利诺伊大学攻读博士的好友照顾三毛。

这个好友是中国台湾人，已经取得了美国国籍，为人温柔体贴。对于好朋友的托付更是尽心尽力，每次都把午饭整整齐齐地装在纸口袋里给三毛送去。送去的时候还会贴心地附上一颗白水煮蛋，水果更是从来没有落下过，有时候还会搭配上一块香喷喷的三明治，让三毛在紧张的工作学习之余能吃一顿营养丰富的美味大餐。

三毛知道他是堂哥的好友，心安理得地享受着这份呵护与宠爱。然而，世上怎么会有平白无故的付出呢？一天博士送饭过来，看着她说："现在我照顾你，等什么时候你肯下厨房了，煮饭给我和我们的孩子吃好吗？"

她一时没反应过来，愣在那里，但马上猜到了对方的用意。可是她自己却从来没有这个想法，自己到美国是读书的，不是找男朋友的，怎么办？说不可以吧，吃了人家东西，受了关照，实在是不好意思说出口；接受呢，自己根本就没有这个打算，她又左右为难了。

她打电话向堂哥求助。

这个情况也是堂哥没有料到的，他在电话那头沉默了一阵，说："你知道，他这个人是很好的，是可以托付终身的，你也会幸福的。"

三毛说，我知道。她怎么会不知道，这个人如果不好不善良，怎么能照顾自己这样久？这些她都知道，但她更知道自己的心，这个男人再好都没有触动她的心弦，她不想嫁，也不能嫁。她要嫁的人，不是仅仅对自己好就够了。

她悄悄换了宿舍。这次她搬进了一栋木质的三层小楼，楼下是教师餐厅，楼上是学生的住所，算上她住着十四个女生。

搬进来那天是感恩节。虽然已经不似中学时代不喜欢与人交往，但她的骨子里还是喜欢安静的，有不少同学邀请她到家中被她一一谢绝了，晚上一个人留在宿舍。她没想到一场虚惊正等着她。

夜里两点，她锁了门，躺在床上休息，突然听到楼下响起了开门声。她开始也没在意，以为是哪个女生回来了，可是随后就紧张起来，因为她听见脚步声冲她所住的房间而来。她这个判断是正确的，没几分钟，她就清晰地看见门把手在动，接着门被打开，一个男人直奔她的床边而来。

她吓坏了，缩在床上，但想着这样缩着也不是办法，壮着胆子坐起来扭亮了手边的台灯，一个戴着鸭舌帽的男人出现在她面前。他是谁，干什么的？三毛脑子里马上想起了这串问号，不过她马上就明白来人是干什么的了，谁没有事情深夜到女孩子宿舍？

她强迫自己冷静下来，告诉男人钱在自己的皮包里，可以自己去

拿，她不会喊。男子不说话、也不动，只是看着她手边的电话。她一下子明白过来，对方害怕她打电话报警，马上告诉对方自己不会打电话。男人放松下来，不过没有拿钱，而是一步步往后走退出了房间，下楼，关了门。听到楼下发出清脆的关门声后，三毛瘫软在了床上，过了好一会儿才拿起电话报警，她吓坏了。

这次惊吓让她十分紧张，牙齿疯狂打战，报警之后听到对方清晰的问话声，却一个字也说不出来，只好放下了电话。

那一晚，对着空寂的房间，她哭了。她平时是不哭的，这些年的事情，这几年的行走，让她变得分外坚强，可是这一次她却觉得彷徨和无助，觉得不哭出来，心中憋闷的那股颠沛流离之苦就无法宣泄，她哭了，哭得痛彻心扉。

三年，她在外漂泊三年了，她突然很想家，她要回家。三年的漂泊，她有些累了，更有些倦了。她向父母写信说明了自己的想法和行程，并收拾了行装。

美籍博士知道她回国的消息，赶过来送她。在机场，深情款款地问她："我们结婚好吗？"她没有回答。

她没什么可回答的，他不是她要找的人。

三毛不知道，除了家人，还有人在期盼着她回来，那就是文化大学的创建人张其昀。当初是他发现了三毛的"天赋异禀"，让其到学校旁听，今天学成归来，自然要委以重任。他安排三毛教授德语，还将她介绍到政工干校任教。

那年三毛 28 岁。

28 岁的三毛摇身一变，从一个学生变成了一位老师。她把全部热情都投入到了这两份工作里。

没人能够想到，这时候爱情再度撞上门来，三毛和一位画家相恋了。两人是在一家咖啡厅相遇的，这家咖啡厅三毛和梁光明相恋的时候经常光顾，当时三毛不知道怎么就走了进去，遇到了他。他是一个落魄的画家，刚从欧洲行走一圈，对艺术有了更深迷恋的三毛，被他的言谈所倾倒，在同他交往一段时间后想嫁给他。

这是三毛第二次动想嫁人的心思。日本男同学和德国外交官男友那样苦心相待，她都没有许诺要嫁，这次却真的想嫁了，就像当年要嫁给梁光明一样，她十分迫切地想与他走进婚姻的殿堂。

不过这次却遭到了全家人的反对，尤其是父亲。父亲认为这个人没有男人该有的责任心，不值得托付，对于这一点三毛不太能接受，她认同的爱情样子，是自己喜欢，没有那样多的附加条件，她要嫁的是这个人，不是过往。她继续与画家交往，并任性地在相识的咖啡厅与他举行了浪漫的订婚仪式，眼看木已成舟，父亲陈嗣庆没有办法再反对了。关键的当口，陈嗣庆却听到一个消息，那个画家有妻室，是

一个感情骗子。父亲坐不住了，找到三毛，让她必须与之断绝关系。最后，三毛选择了离开。

爱得缠绵、断得彻底，是三毛的人生态度，虽然她比谁都渴望爱情，但一旦发现这份爱情不再纯净美好，掺了杂质，就会狠心放弃。

二走西班牙

三毛渴望爱情，但是三毛的爱情就像一叶浮萍，任怎样渴望，也找不到落脚的地方。这让人忍不住怀疑，上天是不是太嫉妒三毛的才华，才让她经历这样的坎坷。

总之，在这场艺术家太太梦的幻影里，三毛又受伤了。

可怜天下父母心，看着女儿又似上次一样痛苦地萎靡下去，三毛父母的心像被刀子割过一般疼痛。

一直以来对于女儿的恋爱，两个人都没怎么过分干预过，但眼看女儿一次次为情所伤，陈嗣庆也不免焦灼起来：女儿这样渴望婚姻，会不会再发生什么可怕的事情。

陈嗣庆喜欢运动，害怕再出现不好的事情，一有时间就陪三毛打网球。他认为，运动是治疗所有伤痛的良药，世上所有的痛苦都可以

通过运动排解和释放。

陈嗣庆没想到，自己的想法是正确的，运动不仅帮助三毛暂时走出了失恋的阴影，还让三毛遇到了一个疼惜她的爱人。这个人是一位德裔教师，两个人是在三毛和父亲打球的球场上认识的。这位德裔教师四十五岁，有着男人所拥有的成熟和稳重，三毛的父亲一见到就从心里认可了他。三毛也是一样，虽然不是作为男友来交往的，但是他的学识和稳重让三毛决定交他这个朋友。

两人的交往非常顺利，就像多年未见的老友，异常融洽。在他的陪伴下，三毛也渐渐从艺术家的阴影里走了出来。在心理上，更认可了这个朋友，关系也日渐亲密。

家人看到三毛交到了朋友，放下了过往非常高兴，希望两个人能够走进婚姻的殿堂。不过他们都深知三毛的为人，不逼迫她，更不会给她做决断，一切都由她自己拿主意。

三毛也不做表示，就淡淡地和他交往。

一天，三毛和男子散步，皎洁的月光把两个人的身影拉得很长。男子在三毛的对面站定，轻轻对她说："我们结婚吧。""好啊。"几乎不假思索，三毛脱口而出，流畅而自然。答完，两个人都笑了。

商定好了结婚，两个人开始筹办婚礼。

三毛尤其憧憬这场婚礼，从当年追着梁光明给自己一场婚礼开始，三毛在追寻婚礼的路上已经等待了很久，她渴望的生活愿景，就是有一个爱自己的丈夫，有一个属于两个人的小家，相携相拥、平平淡淡地走过这一生。她不需要波澜壮阔，更不需要跌宕起伏，只需要有一个爱的人和她爱着的一个家。三毛本来就是一个简单的人，她所要的从来不多。

求完婚之后，男子正式成了三毛的未婚夫。两人在求婚后的第二天早上，手挽手去了重庆路上的一家复印店定制名片。二人挑选了好久，选了一种薄木片样式的，嘱咐店里要加急做，他们半个月后要举行婚礼，希望不要误事。他们没想到，误事的不是店家，而是命运。挑好名片之后，两人开始布置婚房，筹备婚礼，刚把简陋的婚房布置好，未婚夫却突然说自己胸口疼，不舒服，立马倒在了三毛的怀里。他这一倒就再没有睁开眼睛。

事情发生得太突然，三毛一下子蒙了，她完全不能接受这个结果。她好不容易找到一个自己心甘情愿想嫁的人，热热闹闹地筹备好了婚礼，就等着明天鞭炮一响，成就姻缘，怎么可能一下子就被夺走了？即使造化弄人，也不可能这样把人推向深渊啊！

三毛的心割裂般疼痛，她吞下了半瓶安眠药，想要随未婚夫而去。

她的生命里，停留过几个男朋友，但只有这一个志同道合、默契

恰当，只有这个她想嫁、可嫁、肯嫁。他走了，她也不想独活了。

三毛是在朋友家吞的药，被朋友及时发现后送到了医院，醒来时已经是几天之后，人消瘦了一大圈。

像前几次一样，三毛一睁开眼睛就看见了父母。这一次，父母更憔悴了。未婚夫的离世让她心如刀绞，父母那沧桑、憔悴的容颜更是让她觉得对不起父母。她想，不能让父母再伤心了。身体恢复好之后，她收拾了行囊。她已经习惯了用这种方式疗伤，这次的目的地是西班牙。

上次她就是在那里治疗伤痛的，她相信这座浪漫的城市这次依旧可以洗涤她的伤口，治疗她的创伤。因为在潜意识里她对西班牙总有一种天然的亲近，总感觉那里有一种召唤，有一种浓浓的乡愁。

只是事与愿违，上次她出行很顺利，这次却受到了阻隔，她被滞留在英国机场，还被关进了收留犯人的监牢里，原因是她持了一张台湾的护照，英方不承认这份护照，说她有偷渡英国的意图。

当然这都只是小插曲，三毛还是顺利地上了飞往西班牙的飞机。

带着一颗受伤的心，到哪里都是忧伤的。什么能缓解忧伤呢？当然是尽情欢歌。这一点，是三毛在经过一番漂泊之后才洞察明了的。所以这次一到西班牙，她先找了一份英语代课教师的工作把自己安顿下来，就去找了朋友们尽情狂欢。

三毛是一个亲切而有魅力的人，非常容易与人相处，所以她在西班牙不缺朋友。只要有空闲，就和朋友们凑在一去看电影、唱歌、跳舞，让娱乐把时间填满，满得没有一分钟可以回想那些忧伤。

除了疯玩，三毛还喜欢去博物馆。

三毛的住处，在一座历史考古博物馆附近。骨子里对艺术的喜爱让她成了这家博物馆的常客，有空闲就会过去转转，一来二去结识了博物馆英俊的馆长摩西。没见过真人的时候，她以为博物馆馆长应该是一位白发苍苍的老者，见了才知道，自己的想法太幼稚了，这位馆长是一个英俊的青年，据说 27 岁就出任了馆长，才做馆长没几年。

摩西既温文尔雅，又博学多才，三毛和他很谈得来，经常和他聊天。三毛也接触过很多人，但摩西这样的读书人，她还是第一次遇到，她被摩西身上散发出的特有气质所倾倒。她在给父母的信中这样评价他：此人温文儒雅，有教养，有学问，精明能干，是一个读书人，我第一次碰到这样的读书人……

她又写："真是好运气，认识了这样一个朋友。碰到此人，居然觉得是棋逢对手，我想嫁摩西了。我的一生没有遗憾，多彩的半生，我可以去死了，但不会死……"

是的，三毛说"死"。她一直喜欢说这个字。不过，这个死并不是结束自己的生命，而是功德圆满的终了，是一种人生无憾后的轻松

和解脱。就像《红楼梦》里，宝玉一身红袍和贾政告别一样，了无牵挂，今生足矣。在三毛心里一直认为，当人生把该经历的都经历了，没有遗憾的时候，就可以心无挂碍的离开这个世界了。

这次，她说出了这样的话，可见这个人是相当让她满意。

但是，她却没有和他继续牵手走下去，因为无论摩西怎样温柔和体贴，未婚夫过世的阴影总是在她头脑中没有办法抹去。她表面上把那份伤痛忘了，但是夜深人静的时候，还是会想起来，想起来心便会尖锐地疼。一个被深深伤过的人，是不会那样容易忘了那份痛的。白天和朋友聚会欢闹，和摩西谈天说地的时候，她是一只漂亮翩跹的蝴蝶；夜深人静的夜晚，她就变成了一个浑身是伤的小兽，自己一个人舔舐伤口。没人能帮她，也没人能帮得了她。

既然不能在一起，就先行了断吧。三毛搬到了别处，也不再去那个博物馆，同时辞去了代课老师的工作，让摩西没有办法找到她。不能让摩西主动离开她，只好自己从摩西的世界里消失。

她第一次在爱情上主动离开。

第四章　壮美华年寻前梦，情定黄沙

马德里补心

有人用喧闹掩饰寂寞，有人却是越喧闹越感到寂寞。

三毛明显属于后者。这次她来到西班牙，用纵情欢歌来疗伤，然而，欢闹只是表面，只是一个麻痹自己的针剂，寂寞无人的时候，她还是会感到寂寞，无边的寂寞。

寂寞的时候，会想到过往。三毛想到第一次来西班牙时读书的学院，想到学院旁边的父亲朋友一家，想到父亲朋友一家的孩子。她也想到了当年让自己等六年的大男孩，六年已过，不知道那个男孩子现在在干什么。她突然想看一看他们。

在一个没有课的日子，三毛去了荷西的家。

“三毛，真的是你，你真的回来了！”看见三毛，荷西的姐妹们瞬间围了过来。

三毛没看见荷西。

她猜到荷西服兵役去了。在台湾的时候，她收到过荷西托朋友转交的信和照片，照片是荷西在海边捉鱼时拍的，完全不似当年毛头小子的样子，而是一个帅气的西班牙男人，有着西班牙男人特有的俊朗。信里荷西说他马上要服兵役去了。如今，刚过去一年，西班牙兵役是两年，他应该在服兵役。

“你回来，荷西知道吗？”荷西的妹妹歪着头问她。

“不知道。”三毛摇摇头。

荷西真不知道，她没有告诉荷西，她也没想告诉荷西，而且也没有荷西的联系方式。

她告诉荷西的妹妹，两个人已经很久没联系了。

“那你给他写一封信，告诉他。”

“我为什么要告诉他，我西班牙文都忘了，又要怎么写？”

荷西的妹妹却不管她的话，拿来了纸笔：“你写一封吧，就写一封，我帮你写信封，你写内容。”

事已至此，三毛没有办法，只好接过笔用英文写了一句话：我是Echo，我回来了。

在后面注上了自己的地址。

写好信，三毛离开了。她又回到了她的生活中，教课，做翻译兼职，和朋友玩，读书，差不多把给荷西写信的事情忘了，却收到了荷西的信。在信里，荷西告诉她，军营里没有人懂英文，自己差不多问了一军营的人才知道她写的是什么。说自己很想念她。随着信，寄来很多潜水的漫画。

三毛没有回信。她知道，这个男孩子是认真的，太认真了，六年前这样认真，六年后依旧这样认真。这样认真的男孩子，她不想伤害他。

她依旧和朋友聚会，依旧玩，打算用不理睬的方式让荷西把自己忘掉，然而，没多久就接到了荷西打过来的长途电话。原来，等她的回信苦等不来，荷西受不了了，打了这个长途电话过来，告诉她，自己要在 23 日回来，让她等着自己。

接完电话，三毛又一头扎进了自己的生活。荷西要回来这件事，被她忘到了脑后。23 日，有一个朋友约她到另外的一个小镇玩，她欣然和对方去了，回来的时候，室友告诉她，一个男孩子打了十几个电话找她。她想了好半天，也没想起来男孩子是谁，这时她的一个女友打电话来，说有一件重要的事，让她马上到另一个朋友家去。

能有什么重要的事情呢？三毛疑惑地去了朋友家。一进门还没弄明白怎么回事，就被朋友蒙了眼睛，推到一个房间。

“你们到底在干什么！”她嬉笑地嚷着，这时她感到一双有力的手臂把自己环抱起来。谁呢？她惊讶地转过脸去，马上惊跳起来，荷西站在她的面前。

荷西，他不是在服兵役吗？怎么会出现在这里？她忍不住捶打着荷西的肩膀，问他回来为什么不事先通知。

荷西笑着告诉她，自己不是没有通知，而是打过无数次电话，没有人接听。听到荷西这样说，三毛才想起来荷西说过今天回来。她刚要和荷西解释，却被荷西一把拉走了。荷西告诉她，这些不重要，现在他要带她看一样东西。

三毛被带到了荷西家。

到了那里，三毛还没来得及和荷西的姐妹们打招呼，就被荷西拉进了房间。整整一墙放大的照片呈现在她的面前。照片上的人是她。照片已经泛黄，上面还有深深浅浅的痕迹，那是百叶窗的光影。

看到照片，她大吃一惊，自己从来没有给荷西寄过照片。“这些照片是怎么来的呢？”她疑惑地问荷西。

“你常常寄照片给徐伯伯，他们看完了就放在盒子里，我就悄悄偷出来，拿到照相馆里去放大，再偷偷送回去。”荷西回答得很从容。

“那你们家里的人怎么说呢？”她接着问。

“他们说我发神经。说你已经回中国，不会再回来了。”荷西说完，指着照片，“我怕照片被太阳晒到，就把百叶窗放下来，可是还是会有光从缝隙里透过来。”

说到这，荷西有些遗憾，好像没保护好那些照片是自己一项巨大的失职。

三毛没有说话，只是摘下了其中的一张端详。照片覆盖了大半个墙壁，一摘下来，墙上马上露出一块雪白，三毛忽然一阵感动，淡淡地问：“当年你说让我等你六年，等你读完大学，服完兵役，今天我回来了，你现在想不想结婚？”

荷西一下子愣在了那里。他没想到三毛会问得这样直接，也没想到幸福来得这样突然。这个他等了六年的问题今天被心爱的人问出口，竟然不知道怎样回答了。

“要，要，当然要，我们现在就可以结婚！”荷西有些语无伦次。

“还是不要了吧。”三毛拦住了他。

“为什么不要？我马上就服完兵役了，你也回来了啊！”荷西语气焦急起来，像一个着急吃到糖果的孩子。

“可是，我的心已经碎了，恐怕结不了了。”三毛淡淡地说着，语调中流露着无尽的忧伤。是的，她的心碎了，她也受伤了，被伤得体无完肤。

“三毛，你听我说。”荷西搂过三毛的肩膀，深情地望着她，“碎了不怕，我可以替你用胶水粘起来。”

三毛一下子笑了，在心里说，真是一个孩子。她没把这句话说出来，只是哀怨地望了荷西一眼，说：“就是粘起来，也会有缝隙的。”

听到三毛这样说，荷西忽然没了主意，呆呆地望着三毛，望了一阵，突然摸着自己的心说：“我想到了，没关系，我这有一颗黄金的心，不会破，也不会碎，今天，我把它换给你。”说完，把三毛紧紧搂在了怀里。

三毛没有挣扎，任凭荷西搂着。她感受到荷西强有力的心跳，同时也感受到荷西对自己真挚的爱。不爱，怎么会拥得这样紧；不爱，怎么会跳得这样欢？这个男人，是真的爱自己，六年前爱，六年后的今天，依旧爱。荷西这样爱，自己又怎么忍心再伤害他呢？

她告诉自己，不能再伤害这个孩子了。这个孩子真爱她，荷西的妹妹让她写的那封信，她是用英文写的，而荷西不认识英文，虽然知道是她寄来的，但是读不懂，就在军营里挨个儿问，最后几乎把军营的人都找遍了，才译出了那短短的一行字；知道她回来以后，荷西跑十几公里给她打长途电话，可是她四处疯玩，根本找不到人，荷西就打给她的朋友们，这次回来，也是请假回来的，就是为了给她一个惊喜。

一个人，一生最幸福的事情不就是遇到一个爱自己的人吗？如今自己遇到了，还有什么理由错过？

三毛接受了荷西。

撒哈拉寻梦

每个人都有梦，很多人都是由梦支配，在世间行走。

三毛的心中，一直有一个幻觉，感觉自己有一个冥冥的前世，这个前世生活在一片寂寥又空旷的地方。可她不知道这个地方在哪里，更不知道怎么去寻找，直到有一天她看见一本地理杂志，她才知道自己的前世就生活在广阔的撒哈拉沙漠。

看完那本杂志，三毛也有一个梦，有一天要到撒哈拉沙漠去看看，要是可能的话，就在那里住上几个月。

这次到了西班牙，经过几个月的疯狂疗伤，伤痛的心恢复得差不多了，这个想法更强烈起来。撒哈拉沙漠有一块西班牙的属地，虽然在千里之外，但也属于率土之滨，比去其他国家要方便得多。没多久她就把去撒哈拉排上了日程。她告诉朋友们自己要去撒哈拉住上一段时间。

她认为自己这个伟大的壮举会得到朋友们的支持，没想到却遭到了朋友们的揶揄，朋友们认为她在开玩笑，撒哈拉是千年的沙漠，到那里居住相当于从文明回归原始。

道不同不相为谋。面对不理解，三毛不再解释，一路走来她已经习惯了。她把这个计划写信告诉了父亲，从小到大，只有一个人对她的行为和决定采取支持的态度，那就是她的父亲。她写信，在父亲那儿寻求一丝鼓励。

接到三毛的信，陈嗣庆吃了一惊，不过想到女儿认定的事情，九头牛也拉不回来，就没说什么阻止的话，相反给她多寄了钱，让她照顾好自己。

拿着父亲的信，三毛的心里一阵温暖，正式收拾行装。不过她只告诉了父亲要去撒哈拉沙漠，没告诉父亲自己要从撒哈拉沙漠横穿而过，做第一个从撒哈拉横穿而过的中国女人。

这个想法是什么时候有的，连三毛自己都不知道，好像是看到了杂志那天就有的，也好像是走了很多国家之后才有的。

她把这个秘密告诉了荷西。说完问荷西今年有什么计划？荷西告诉她，自己要和朋友去希腊航海，已经把她算在里面了，她可以在船上做厨师和摄影师。让她放弃撒哈拉的计划和自己行动。

听到荷西的计划，三毛的心痒起来，她还没有去过希腊，现在四处旅行，已经把她的心走野了，她想去希腊看看，这次正是机会。可是，她心心念念的沙漠怎么办呢？那是她魂牵许久的梦啊！爱琴海美，撒哈拉也美，她到底去哪里呢？怎么总是让她遇到鱼和熊掌这样的问题？

内心挣扎了很久，她告诉荷西，自己还是想去沙漠。

“你就那样想去沙漠？”

“是的，我想了解沙漠，我还要横穿沙漠。”

话说到这份儿上，荷西没有再说什么。他已经不知道说什么了。三毛也没说话，静静地坐在那儿喂鸽子。

三毛觉得奇怪的是，荷西自从那次谈话之后，好像从她的世界里消失了，再也没来找过她。

三毛无暇顾及这些，开始安排自己的行程。她估算好，等这学期的课程完结，就可以出发。

日子一点点缓慢流淌，三毛上课，收拾物品，等着课程的终结。然而，她没有等来课程的结束却等来了荷西的一封信。这封信是在遥远的撒哈拉沙漠寄过来的，荷西告诉她，因为她执意要去沙漠，自己已经申请了在撒哈拉磷矿的工作，现在已经在沙漠安顿下来了。

拿着信，三毛有一种想哭的感动，这个大男孩，怎么能这样出其不意，让人猝不及防啊。沙漠很苦，他没必要和自己受这样的苦。

她马上给荷西写信，告诉他大可不必这样，她不需要让他陪着受苦。荷西很快就回了信，告诉她，她总是不安定地到处走，自己想要把她留在身边只有让她和自己结婚。然后告诉她，她夏天过来的时候，两个人就结婚。

看着信，三毛怔了许久，真是一模一样的人，当年自己想把梁光明留在身边，想到的办法就是与之结婚，今天这个痴爱自己的男子，让自己定下来陪他，想到的办法也是结婚。

三毛退掉了马德里的房子，在荷西到了沙漠三个月之后，她也到了撒哈拉。

在心仪的撒哈拉，三毛一落地就见到了荷西。只是见了有些不敢认，仅仅分开三个月，荷西的脸被风吹得焦红，头上、胡子上盖满了黄沙，双手粗糙不堪，和三个月前判若两人。三毛看着心倏地疼了一下，同时，她也意识到今后面对的生活是艰苦的。

不过她对这个有心理准备，沙漠苦她知道，她不怕苦，她爱的就是沙漠的这份苦，没有苦，哪来的漫漫黄沙。那不绝的黄沙可是沙漠的泪啊。谁哭不流泪？沙漠是她前世的故乡，是她今生的乡愁，她要在这无际的黄沙上，看血色夕阳，听烈风的声音，感受大自然诗意的苍凉。

接到三毛，荷西带她到两人的家。沙漠广袤，小镇狭小，三毛又心心念念着沙漠，两人的家被荷西安顿在了镇外。这个地方离镇上和荷西上班的路都远，离沙漠却近，就在沙漠的边缘，身后就是沙漠。沙漠里不容易打到出租车，三毛到的那天，两个人只得从机场步行回家，走了大约四十分钟，到了一处高高的斜披上，才看见了袅袅的炊烟。

看到了炊烟并不等于到了家，两人又穿过长长的街，穿过空心砖搭成的简陋的房子，才来到租来的房子面前。这是一个有着拱形门的小小的房子，和沙漠中若干个房子一样，除了小，看不出有什么区别。

荷西指着房子说："到了，这就是我们的家。"三毛一下子跳起来，她奔到拱门面前，仔细端详。在坡顶上，她就想要是家里也有这样一扇拱门就好了。如今真有了，她能不开心吗？她站在门前，就等着荷西说这个房子是他们的。荷西终于说了，说了就确定这个房子是属于他们的了，三毛迫不及待地推开门。看过了门，她迫不及待地想看看里面的样子。谁知她刚一迈步，就被荷西抱了起来。荷西对她说："这是我们的家，第一次我抱着你走，之后你就是我的太太了。"

三毛搂着荷西，享受着成为荷西太太的超级待遇。心里像喝了一罐蜜，甜蜜无比。

但是马上，这股甜蜜感就消退了，这个房子太小太破了，房子只有一大一小两间，电线还都黑黢黢的裸露在外面，地面也高低不平，这是房子，这是家吗？她有一点愣了。

更让她无法接受的是，房子的对面是一片巨大的垃圾场。荷西告诉他，这个地方叫作坟场区。

顾不得多想，三毛开始安顿。坐了几个小时的飞机，她太累了，迫切需要休息。

修整得差不多，三毛找到了一个西班牙退休的司令，向他请教沙漠的情形，预备横穿沙漠。横穿沙漠是她来沙漠的目的，初心她是忘不了的。不过很快就被泼了一盆冷水，司令告诉她，所有的路风沙一来就被盖住了，所以根本没法直接去。不过要想横穿沙漠也不是不可以，只要有两辆吉普车，一辆驾驶，一辆作为备用。车当然需要租。不然还可以跟着沙漠里面的驼队一起走。只是和他们走的话，快的话需要半年，慢的话，可能需要几年。他们是配货的，不能走得过快。

说完，问她到红海完全可以坐飞机去，为什么要横穿沙漠呢？

是啊，为什么要横穿沙漠呢？三毛也这样问过自己，可是没能得到解答。如今她不用解答了，她发现自己囊中羞涩，司令提出的两种办法都不适合自己。

经过一番折腾，她还是不得不暂时放弃了穿越沙漠的念头。

然而，沙漠的魅力太强了，三毛的好奇心也太重了，到沙漠深处去看看的想法一直萦绕着她。她觉得沙漠深处才是沙漠的灵魂，和沙漠深处的人交流，才能触摸到沙漠的精神。不穿越沙漠可以，可是她要深入沙漠腹地，去了解沙漠。

神奇的结婚礼物

荷西没有阻止三毛了解沙漠。他也没有精力和时间阻止三毛。他在筹备和三毛结婚的事宜。

荷西住在公司的宿舍，三毛住在阿雍小镇，两地相距将近有一百里路，荷西每天去看三毛，就把自己的东西一点点带到三毛的住处。同时也动手做家具。经过荷西的一番努力，那间简陋的小屋渐渐有了生活的气息。

“这下，我们该结婚了吧？”荷西看着自己布置起来的家问三毛。

“现在不行，你要再给我三个月的时间，我要到沙漠去看看。”想都没想，三毛就一口否定了，她是来看沙漠的，可不是来结婚的。

“可你还需要加入我们的国籍，总要问问法院需要什么手续吧？”荷西心有不甘。

“那好吧。”

三毛勉强同意了。

两个人以前商量好的，结婚以后三毛拥有两个国籍。孤身一人在外面行走几年的三毛深知，办理国籍和申请结婚这些事，办起手续来有多麻烦。

沙漠虽荒凉，也有法院。只是当地沙哈拉威人结婚有自己的仪式，不需要到这里来公证，外地人更没有人到这里申请结婚，所以法院很清闲。不过因为从来都没公证结婚过，三毛和荷西算是第一对，也有些麻烦——法官和秘书不知道有什么手续。

他们去的那一天，是一个老秘书接待的，老秘书戴着花镜在文件堆里找了半天文件才搞明白他们需要的材料，需要荷西的出生证明、学历材料、单身证明和三毛的西班牙签证。三毛生平最讨厌的就是填表格，听法官这样一说文件一大堆，头马上就大了，问荷西：“这样麻烦，这个婚我们还要结吗？”

荷西平时都是温声软语的，听三毛这样问，却很生气，气恼地和她说：“你别说话！”接着，询问秘书大概需要多长时间。秘书看了他们一眼，说：“来来回回传送文件再加上公证，需要三个月。”荷西一听，急出了冷汗，问秘书先生可不可以再快点，两个人已经等不及了。他太着急，说得有些语无伦次。秘书先生一下子会错了意，迅速地看向三毛的腰部。三毛知道秘书想的是什么了，恐怕秘书误会，指着荷西慌忙解释："我不着急，着急的是他。"法官又若有所思地看着荷西，看得荷西有些烦躁。

但他的内心却是愉悦的，终于可以把结婚的事提到日程上来了，他心中的一块石头总算落地了。

回去之后，荷西开始更加卖力地打造新家。三毛填好大大小小表格，等待文件的时候，开始了她的沙漠探险之旅。她最喜欢看沙漠深处飞驰掠过的羚羊，在它们纵身一跃的瞬间，感受到生命的美好。

当然，三毛更多的时间是往镇上跑，她在镇上的邮局租了一个信箱，需要每天看信。一天，她在镇上遇见了法院接待过他们的那个秘书，秘书告诉他们，双方的公示已经结束了，她和荷西可以结婚了，并告诉了她，第二天下午六点，为他们公证结婚。

这么快就能结婚了？真这么快就要结婚了？

或许是沙漠的荒凉超出了三毛的想象，或者是等待的过程太过折磨人，听到可以结婚的消息，三毛没有表现出有多开心。她坐在法院的台阶上，望着远处的沙漠发呆。

这时候，荷西公司的一个同事开车从她的面前经过，她才缓了过来，追到车子跟前让他告诉荷西明天结婚，今天晚上下班过来。

那个人听了大吃一惊，疑惑地反问："荷西结婚，自己不知道吗？"

三毛没有回答。她真不知道该怎么回答，这个结婚的消息她也是刚刚知道的。

荷西得到消息，没有等到下班，就请假提前回来了。自己苦苦盼望的事情终于尘埃落定，让他不能再多等一分钟。

他抑制不住内心的狂喜，一进门就问三毛："是明天吗？真的是明天吗？"

"是明天，明天下午六点。"

三毛的情绪被荷西点燃，拉着荷西的手，"要么，我们先去给爸爸妈妈拍一个电报吧。"

他们一个亲人在千里外的中国台湾，一个在欧洲，都还不知道他们结婚的消息，应该通过电报把喜讯传达过去。

三毛的建议马上说到了荷西的心坎上，他拉着三毛火速出门。从见到三毛那天起，他就想着有一天能娶三毛做妻子，为此还先行飞到了撒哈拉沙漠，今天终于如愿以偿，哪有不快点告诉家人的道理。他的电报写得很长，几乎把这种喜悦都写了进去。

三毛的电报只有简单的几个字：明天三毛结婚。她一向随性惯了，更喜欢言简意赅的表达，同时她也知道，虽然仅仅是简单的几个字，但是对于为自己操碎了心的父母来说，也是一个最好的消息了。

拍完电报，三毛还惦记着家里面缝了一半的窗帘，催促荷西回去，而荷西却要去看电影提前庆祝。为了不扫荷西的兴，三毛同意了荷西的建议，和他手牵手看了一场电影，也算是对自己的单身生活来了一场告别。

六年前，荷西用积攒的十四元钱请三毛看电影，宣告自己的爱意，六年后，荷西又用一场电影，让两个人告别了单身。世上的事，有时候就是这样巧妙。

看电影回来之后，就是等待，等待明天下午六点那个激动人心的时刻。然而，一旦有了期望和等待，时间便会变得异常漫长和难熬，两人忽然发现没有什么事情做了。

“不然你就去上班吧，我做窗帘。”三毛对着荷西说。

“哪有结婚当天还上班的？”

“我感觉结婚当天应该也可以上班。”

她真是觉得结婚当天上班没什么，不然做什么呢，婚礼要在下午六点举行，长长的一大天啊。

听三毛这样说，荷西上班去了，三毛在家里缝窗帘。两人约定，下午五点半荷西回来，之后两个人一起到法院。

五点半，荷西准时敲开了三毛的门，不过没有马上带她去法院，而是递给了她一个大的纸盒。

“不是去法院结婚吗，这是什么？”

“送给你的礼物，你最想要的！”荷西一脸宠溺。

礼物？三毛好奇地接过纸盒。

会是什么礼物呢？花，一定是花，鲜花是结婚时最应该得到的礼物，谁的婚礼没有鲜花。

“花！”她脱口而出。

荷西的表情有点失望：“这里是沙漠，到哪里弄花去？”

三毛也意识到了这一点，不是花又是什么呢？她已经猜不出了，放弃猜测，等荷西揭晓答案。

看她猜不出，荷西露出一丝微笑：“你看看不就知道了？”

是啊，只想着是什么惊喜，怎么没想到打开来看看呢？

三毛打开了盒子，一副完整的骆驼头骨呈现在眼前。森白的骨头，仿佛正向她诉说着千年的沧桑。她一下子搂住了荷西：“好豪华，你在哪里找到的？”

荷西神秘一笑，告诉她，自己在沙漠中找了一上午，才找到这副完整的头骨，知道她喜欢特意拿来做结婚礼物。看着完整的头骨，三毛的心一点点融化了，是的，她喜欢，她非常喜欢，荷西是懂她的，终是懂她的。

她搂紧了荷西。

荷西却轻轻拍她的背，告诉她时间马上就要到了，快点换衣服，好去法院公证结婚。是啊，只顾着激动，怎么把这件事情给忘了。三毛连忙收起刚才的感动，去换衣服，准备出发。她有很多衣服，挑挑选选却没有找到适合结婚穿的，回头看见荷西穿着蓝色的衬衫，灵机一动，选了一条碎花长裙，一顶阔边帽，又顺手拿了一把香菜，插在了帽子上，拉着荷西的手走出门。

沙漠的车太少，两个人也没有坐车去的打算，手挽手走着去了镇上，到法院的时候，法官和朋友们已经等在那里了。

法院从来没有举办过婚礼，法官不知道公证婚礼的程序，只是简单地询问一下你想不想与对方结婚，就算完成了仪式，连交换戒指的环节都忘掉了，整个过程只用了十几分钟。

但是，这十几分钟，就连上了一对世界上最相爱的人。

没有礼服，没有花车，走路去结婚，这个婚礼可以算作是最简陋的婚礼，三毛，也可以说成最不计较的新娘，但是走路去又怎样，婚礼简陋又怎样，她和荷西拥有世上所有人都羡慕的爱情。

对于一个女人，这就够了。

春燕衔泥，沙漠垒新家

三毛是因热爱撒哈拉的广阔无边，自由神秘而来。只是，理想是丰满的，现实总是那样骨感，沙漠并没有因为三毛思念数载而对她分外疼惜，她来的第一晚，就被冻醒了。而随着在沙漠生活时间的增多，她才知道，沙漠的残酷不止这些。

三毛住的房子中间有一个地方没有屋顶，刮风的时候，沙子总会从上面吹进来，这时候就是收拾再干净的家也会变得面目全非。而耳边不断的风声就是沙漠的奏鸣曲，提醒着他们，这里是荒凉的沙漠。

沙漠的温度让人既爱又恨，白天50度，晚上就需要裹着棉袄。水也是一件令人头疼的事，沙漠里没有淡水，需要花钱买，买完了也不送到家里，需要自己去提。荷西白天大多数的时候都在上班，提水的任务就交给了三毛。三毛本身体质就弱，十公斤重的水桶，对她来说已经是负担，还要走上几百米的路，对她来说更成了严峻的考验，走上三四步，就要放下来歇一阵，到家的时候，脊柱酸疼得要躺在床上休息好一阵才能恢复过来。

饮食方面，也考验着人，沙漠不生产水果和蔬菜，很多时候三毛家的餐桌上都是一个土豆，一个白面包，加一瓶水。这时候，三毛总要争先恐后地布菜，把面包全部放进荷西的盘子里，自己只吃土豆。为了吃上便宜的菜，三毛还和当地人一起到军营买特价菜。特价菜数量有限，买菜的人总会争先恐后往前挤，三毛从来没见过这种场合，礼貌地让着别人，最后总是“文雅”地被挤到一边去。

不过在吃的方面是有“补给”的，“补给”人就是三毛的父母。知道女儿居住在荒凉的大沙漠，父母心疼不已，把粉丝、胡萝卜、蘑菇等食材从遥远的台湾寄过来，为三毛解决了很大的问题。这些食物来得太不容易，三毛吃得很节约，隔一阵子才拿出来改善一下伙食。后来，她把这段往事写成了文章，投给了《联合副刊》。文章发表后，大家才知道，在遥远的沙漠有这样一位奇女子，过着这样一种生活。

但这并没给三毛带来多少改变，她还是要在沙漠里生活，那些不便还跟随着她。最不便的就是到镇上去换煤气。三毛的家离镇上太远，很难叫到出租车，煤气用完了，没有办法弄到镇上去，只好用

炉子做饭。三毛从来没用过炉子，不大会用，炉子的烟熏得睁不开眼睛，常常做一顿饭，要淌好多眼泪。

荷西虽然比三毛年纪小，男子汉的责任与担当却一点都不少，甚至更为强烈。父亲陈嗣庆得知女儿去沙漠的消息，想到女儿要到沙漠受苦，给了她一大笔钱，让她用于日常开销。荷西知道之后，不让三毛用这笔钱，说要用自己的薪水来养她。三毛也不想多花父亲的钱，就把钱存进了银行。

刚到沙漠的时候，三毛还大手笔地买了冰箱、煤气罐等物品，把钱存在银行里后，看到荷西递过来的薄薄的一沓钞票，便什么也舍不得买了，他们的家看起来家徒四壁。

“这个家，没有抽屉，没有衣柜，我们的衣服就放在箱子里，鞋子和零碎东西装大纸盒，写字要找一块板来放在膝盖上写。夜间灰黑色的冷墙更使人觉得阴寒。”三毛在自己的书中写道。

没有抽屉，没有衣柜，没有桌子，吃饭等一切活动，都在铺在地上的一块毡子上进行，这样原始的生活方式，沙漠的人早已经习惯了，但是三毛不习惯，她在文明社会生活过，实在没有办法回归这样的原始。

她虽然对生活要求简单，不挑剔，但是，真的还想要一个衣柜，一个书架、一组沙发、一张餐桌，也想要一堵白色的墙壁，这样她能习惯些，也方便些，看着也能舒心些。所以，虽然她有些心疼荷西赚的钱，还是想买一些木料做家具。

荷西当然知道三毛想要什么。发了薪水，马上把钱交给她，让她买自己喜欢的东西。她拿着钱直奔镇上的五金木器商店。这家店，她已经在经过的时候，观望多次了，甚至在心中已经把柜子的草图都设计好了。今天，她就是要把那些草图变成真的。

可是她开开心心地进去，却垂头丧气地出来了。沙漠不产木材，木材都需要从西班牙本土运来，价格昂贵，要打整套家具，全算下来要两万五千元左右。而三毛手里捏着的钱，只够一个零头。可就是够了，还要吃饭呢，还要开销呢，又拿什么生活呢？

从商店里退出来，三毛的心充满了忧伤。人一旦忧伤了，就喜欢四处乱逛，她在商店周围心情沮丧地闲逛，忽然眼前一亮，商店的门口放着几个巨大的木箱子，看样子好像是什么物品的包装箱，要是拆开来的话，应该可以做家具。最主要的是，箱子应该比木料便宜吧。

她心中窃喜，重新折回到店里，进门就问：“老板，你商店门口的箱子卖不卖，怎么卖？”

“箱子，哪个箱子？”老板狐疑地往门口看了看，马上看到了那几个巨大的木箱，疑惑地看着她：“你确定买这几个箱子？你们家几个人？”

“你要是便宜，我买两个。”

“两个？好好好，你随我来。”老板喜出望外，把三毛带到外面。三毛左挑右选挑选了两个，雇了两辆毛驴车，把大箱子拉回了家。

三毛不知道，这本来是五金店用来运送棺材的包装箱，大家对棺材比较忌讳，根本没有人问，更没有人买，老板就把箱子扔在了门口。三毛花了极少的钱买了下来，觉得捡了一个大便宜，老板更觉得捡了一个大便宜。

荷西下班回来，一眼就看到了这两个硕大的木箱子，听说三毛花了很少的钱就买了回来，很是惊讶。两个人合力把箱子运上天台，之后的每天，荷西下班回来就跑到天台上去做家具。不过两个人心中都有一个疑问，这样好的木材怎么能这样便宜?

然而，世上没有不透风的墙，两个人买了装棺材木箱的事还是被别人知道了。这个人先告诉了荷西。荷西回家第一时间把消息告诉了三毛。听荷西一说，三毛大吃一惊，不过转念一想，就不奇怪了，买木料的时候老板曾经问过她家里有几个人。她当时还纳闷，要箱子和家中有几个人有什么关系？现在终于明白，原来老板是认为她拿来做棺材的。不过，这真的没什么，她从小就喜欢在坟地玩，又在墓地读书，对棺材这样的事情是不忌讳的，就是不知道荷西怎么想的。她连忙问荷西是不是觉得晦气。荷西告诉她，在他心里这些木板和其他木板没有任何区别。三毛听后悬着的心放了下来。

荷西下班的时间和休息的时间都贡献在了这些木板上。知道三毛非常不习惯坐在毡子上弯腰吃饭，荷西先做了一张吃饭用的餐桌，因为这张餐桌，这个沙漠中的家也越来越有现代气息。

荷西的公司是有婚假的，两人结婚，老板给了荷西半个月假期，也给了他们一笔安家费，他们的朋友又自愿代替荷西做半个月，两个人就有了一个月的假期。有了钱，又有了奢侈的时间，深藏在三毛心里面的那个横穿沙漠的想法又复活了，她想去沙漠另一端看看。荷西也想去，他本来是一个大男孩，喜欢探险、喜欢游玩，妻子又非常憧憬横穿沙漠，早就有带着三毛穿越沙漠之心，只是不是没时间就是没钱，这回有钱了，也有了时间，就想帮着妻子完成夙愿，权当蜜月旅行。

一拍即合，两个人放下未做完的“工程”，租了一辆车，又请了一个向导，向沙漠另一端进军。半个月后，才重新回到小屋。回来后，马上又投入了工作。他们太想早日拥有一个舒适的家了。

为了早日拥有新家，他们舍不得休息，每天工作到深夜。先做了衣柜和书架，又买了白灰把墙壁刷成了白色。两个人刚刚经历了一场探险，又从事如此高强度的劳动，疲惫异常，常常靠着墙壁就睡着了。这当然不耽误两个人工作，清醒过来继续干。夜以继日忙碌了半

个月，家具上了油漆，墙壁刷成了白色，衣服挂进了衣柜里，这个沙漠中的小家越来越像样子了。

这时候三毛发挥了小时候捡垃圾的“潜质”，到门前的垃圾场去淘宝。小镇周边的垃圾都往这里运，这是一个巨大的垃圾场，三毛常在里面搜寻宝贝，把一切看起来用得上的东西，都搬到家里来。她有变废为宝的天赋，废旧的轮胎做成坐垫，空心砖围起来，再盖上沙发垫和布做成沙发，就连腐烂的羊皮，也能用盐和明矾洗出来做成坐垫。这间沙漠腹地的土房子，经过三毛的妙手，成了一个走进来就能感受到温馨和愉悦，充满现代生活情趣的房子。

无论在哪里，美好的事物总是会声名远播的。不少人都知道了，东方女孩三毛和西班牙男孩荷西的房子，是沙漠里最漂亮的房子。

有一天，一个记者到沙漠采访，听到人们说三毛的房子漂亮温馨，不敢相信，就到他们家里来探访，结果让他大呼：“真是太美了，不可能，怎么做到的呢？”

是啊，太美了，美得让人有些不敢相信。沙漠里没有这样美丽的房子，即使沙漠里有钱的人，也都是在地上铺上一张毯子，一应活动都在上面进行，没有谁拥有现代家具，住这样充满现代气息的房子。

记者说：“我敢保证，这个房子，是沙漠里最漂亮的房子！”他

说，坐在这里，都感觉自己回到了欧洲。

那是当然，沙漠里，谁有这样的才情，谁又有这样的诗情，把日子过成诗呢？只有三毛了。

沙漠渔夫

虽然装饰了新家，虽然租车横穿了沙漠，完成了三毛期许的一次旅行，但沙漠还是寂寞的，在沙漠中生活还是有些无聊。

三毛和荷西也感受到这份寂寞和无聊。他们就用自己的爱去调节，每天早上五点二十分，荷西出门上班，三毛一定送他出门，晚上再跑到荷西工作的地方去接他回家。荷西呢，只要听到谁说沙漠里有小乌龟和贝壳的化石，下班回到家，就会喊三毛和他一起去找。要是实在找不到事情做，就手牵着手到沙漠上看夕阳，到沙漠深处去找“宝藏”，把枯燥的生活过得有滋有味、活色生香。

女人一旦碰到了爱情，遇见了幸福，就会变得调皮。三毛也一样，每天都和心爱的人在一起感受着幸福和快乐，人也变得调皮起来。一次她闲着无事统计家里的开支情况，先把赚到的钱数告诉了荷

西，隔了一天之后才把花销告诉荷西。荷西听到自己赚了很多钱马上欣喜若狂，拉着她到镇上最好的饭店大吃了一顿。等他们回来的时候，三毛冷静地告诉荷西，他听说的只是自己赚到的钱，花的钱和赚的钱一样多。

荷西听了大吃一惊，又对账单又数钱。发现怎么数，怎么对，赚的和花的都在那里，一分不少，也一分不剩，两个人的收支刚好持平。

这样的打击是很伤人的，荷西很沮丧。他以为赚钱养家很容易，没想到会这样难、这样惨。自己如此勤奋工作，日子还是捉襟见肘。

“怎么办，接下来的日子怎么办？”他沮丧地问三毛。

三毛也一下子被难住了，不过她一向是乐观的，马上想到上次旅行的时候到过海岸线，有海就会有鱼，他们可以去捉鱼做成鱼干，这样可以节省菜钱。

这样想着，三毛的脑海里马上勾勒出一幅画：蔚蓝的大海边，成群的鱼在水里游，她和荷西站在水里，鱼在他们身边翻腾。

她把这个想法告诉了荷西。荷西听了喜出望外，两个人一拍即合，周末到海岸线边捉鱼。

有了期待时间就会变得很快，到了周末，两个人带着帐篷向海边奔去。海边静思旖旎，但是两个人无心欣赏，只盯着海里的鱼，但事

与愿违，海岸线的鱼并没有像他们想象中的那样容易找，疯狂地搜索了一百里地，才在退潮的时候，在岩石上发现了漏出来的小螃蟹和章鱼。

“有章鱼和螃蟹。”三毛尖叫起来，弯下腰捡拾，荷西则穿上潜水服，潜到水底去捕捉水中的鱼。以他的经验，有螃蟹和章鱼的海滩，海里面一定有“大货”。果不其然，不一会的工夫，就捉住一条大鱼，接着捉了第二条、第三条。

三毛在岸上的战果也非常显赫，捉了很多螃蟹和小章鱼，把两个人带来的袋子装得满满的，荷西捉的鱼没有地方放了，又舍不得把辛辛苦苦的战利品扔了，三毛灵机一动把自己的外裤脱下来，扎上裤管，做成了两个长长的袋子，把荷西捉的鱼放在了里面。

看着满满的战利品，三毛的心快活地像个孩子：“这些鱼，我们去请朋友们吃一顿吧。”

“你不是说做鱼干的吗？”荷西疑惑地看着她。

“这是第一次，就算了吧，大家吃的也不好，就算改善一下伙食。”三毛打断了他。是的，在这个艰苦的地方，吃上一点好东西真是一件奢侈的事情，和他们相处很好的朋友和同事们，平日里也是粗茶淡饭。好不容易有了好食物，三毛想让大家解解馋。

荷西也是喜欢结交朋友的人，同意了三毛的意见，并且自告奋勇地去买酒。以后的周末，只要他们有时间，就会过去捉鱼，不过，却没有一次做成鱼干，都是和朋友们一起吃掉了，对此他们也没有觉得有什么不妥。直到有一天他们发现自己放在兜子里面的钱越来越少时，才陡然惊觉，他们多花了很多钱。

“明明是要省钱的，怎么反倒多花钱了？”荷西无奈地摇头。

“友情不也是一种财富吗？我们虽然花了钱，但是收获了友情。”捉鱼是自己提出来的，请客也是自己提出来的，三毛只好这样给自己打圆场。

“好吧，不然下一星期我们把捉来的鱼卖掉吧。”荷西无奈地说。“我们只要把玩的钱赚回来就行。”

这也纯属无奈之举，本来就没有多少钱，还招待朋友，额外花了不少钱，不想着收回些成本，都没有办法度日了。

荷西的建议刚一提出来，就得到了三毛的大力支持。支持的同时，她在心里悄悄算了一笔账，小镇上没有卖鱼的，他们是独一份，可以大赚一笔。

下个星期很快就到了，她和荷西又去了海边。像往常一样，没用多久就捉了很多鱼。这次他们没有回家，更没有呼朋引伴，而是直接去了小镇上的国家旅馆。这是沙漠中最高规格的饭店，不少富人和高官都在这里用餐，鱼卖给这里再恰当不过。

两个人都没有卖过东西，大大咧咧地走进去，服务生以为他们是来用餐的，热情洋溢，当听说他们是过来卖鱼时，态度一下子变得冷淡起来，让他们到旁边找厨房的负责人。不大不小吃了一个闭门羹，三毛心里非常不舒服，但是想到还要在人家这里卖鱼，她忍下了，和荷西两个人找厨房的负责人。还好，厨房负责人是一个很亲切的小伙子，买了他们一半的鱼。一共赚了一千多元。就是有一点小遗憾，酒店规定，卖东西要先打白条，过一阵子统一结算。

相对于到手的一千多元，这当然就是小问题了，两个人开开心心地收好白条，向另一家酒店进发。三毛又悄悄地在心里算了一笔账，一家卖一半的鱼，赚一千多，再走一家鱼就能卖完，再收获一千多，这些鱼就能卖将近四千元了。虽然四千元不多，但没花成本，也等于空手套白狼，真是天大的喜事。

他们来到了“娣娣酒店”。这家酒店不同于国家旅馆，是一家卖笑的酒店。两人刚走到前台，一个妖冶的女人就走过来借着询问价格对荷西搔首弄姿，三毛看了心里极不舒服，随口报出了一个天价，之后没等荷西明白怎么回事，就拉着荷西头也不回地走出去，生意当然没有做成，她再卖一半的鱼，赚一千多元的计划也打了水漂儿。

鱼还是要卖。两人来到了街上，面对熙熙攘攘的人，竟然不知道去哪里卖鱼了。正巧荷西的一个同事走过来，看见他们手里提着鱼，就明白了怎么回事，把他们带到了邮局跟前，问他们鱼卖多少钱一斤。两个人如实相告卖五十元。那人听了以后说他们的鱼价定低了，最少应该卖七十五元。说着站在路边帮两人吆喝。两人害怕价格定得太高了，没人买，都不敢去看，尤其是三毛，听到这个价格，严重怀疑鱼会被剩下卖不出去。然而，她想多了，鱼不仅卖出去了，还供不应求，看着没买到鱼的人的失望表情，三毛相信鱼的价格真的定低了。

那天，他们进账三千多元。

对于一向捉襟见肘的他们来说，这是一笔大钱。拿着厚厚一叠钱，荷西提议到外面吃一顿饭以示庆祝。三毛马上应允了。两人选择的吃饭地点，依旧是国家旅馆。在沙漠，只有这一家像点样子的餐厅。另外，打鱼辛苦，卖鱼更辛苦，两人准备好好犒劳一下自己。

到了餐厅，选定座位，两个人刚想点菜，荷西的上司走了进来，并且径直走到了他们桌前，两人只好站起来打招呼，并且请上司坐在这里。上司也没有客气，坐了下来，挥手叫过了服务生。服务生热情地告诉他们今天有新鲜的鱼，要不要尝尝？两个人知道鱼就是自己卖过来的，对望着没说话，上司已经开口了，点了三条，并介绍说，沙漠里能吃到鱼不容易，让他们好好尝尝。

于是，他们坐在国家旅馆的餐厅里，花了十二倍的价钱，吃了自己早上打的鱼。

饭吃到一半的时候，荷西的上司离开，两个人付了饭钱，回到家里才发现自己辛辛苦苦卖鱼的钱已经所剩无几。

三毛有些沮丧。

“我们还有钱，还有一张账单。”看到三毛沮丧的神情，荷西忍不住提醒三毛。三毛这才想起国家旅馆的卖鱼钱并没有付，而是打的白条，大喜过望，马上去当时穿着的牛仔裤口袋里翻找，翻着翻着沮丧的神情越发凝重了，那条牛仔裤已经被她洗过，白条已经洗碎了。他们的“发财梦”碎了。

看着纸条两个人哈哈大笑。三毛安慰荷西，可能我们不适合发财。从那以后，两个人再也不做发财梦，安安静静地过他们清贫的日子。

即使这样，三毛还是感到由衷的快乐。因为对于她来说，有没有钱不重要，过什么样的生活不重要，和心爱的人在一起才最重要。

挥笔成诗

在沙漠安定下来后，三毛的心也跟着安定了下来，不再东奔西走，最多就是到沙漠深处去看一看。没事的时候她在小屋里打发时间。

在西班牙时，她一直给台湾的一家女性杂志写稿，当时她还做着兼职教师，写稿子是挤时间做的。现在所有的事都停下来，时间一抓一大把，她又把写稿子的事情捡了起来。

儿行千里母担忧。三毛远行千里之外，最担心她的自然是她的父母，陈嗣庆在三毛告知结婚的时候，就寄了钱过来让她做生活费，后来，知道两个人在沙漠安定下来之后，就开始不断地寄食物和生活用品。因为知道沙漠物资匮乏，寄的食品要多一些。

三毛本来就有很多想法，加上有了爱情的滋养，更加古灵精怪，妙计迭出，把母亲寄过来的菜变着花样做，变着名称说给荷西听。荷

西没到过中国，更没有见过中国的食材，几乎三毛说什么信什么。一次母亲给他们寄来了很多粉丝，三毛收到后当天晚上就做成了菜，荷西没见过粉丝，问她是什么，她哄骗他说是被冰冻过的雨丝；她用粉丝做蚂蚁上树，被荷西误认为是尼龙线，她就将错就错，说是钓鱼用的线煮软了；做饺子的时候她放了一点粉丝进去，被荷西发现了，认为是极其珍贵的鱼翅；她做紫菜包饭，荷西没见过不知道是什么，误认为是复写纸，不肯吃。

荷西是西方人，三毛是东方人。东西方文化有差异，产生这样的碰撞是再正常不过的事情。但是这些看似正常，实则有趣的事情，为沙漠枯燥的生活增添了很多欢乐。三毛突然想把这些有趣的事情写出来让大家看看。于是，她写了一篇《沙漠中的饭店》，连同给杂志社的稿子一起寄了出去。

这是三毛写的第一篇介绍沙漠的稿子。稿件寄出去三毛也没抱多大的期待，这是她的一个生活日常，是发生在她身上的再正常不过的事情，她只是做了一下记录。

三毛没想到，在她看起来的生活日常，却是别人眼中的不同寻常，这篇文章寄出不久就发表了，而且还引起了很大的一股浪潮，大家都在等着一个叫作三毛的女孩子写沙漠里面的故事。

三毛不知道这些，她只知道这篇文章反响很不错，高兴地把这个消息告诉了父母。对于名利的事情，她一向看得很淡，况且她已经有了给报社写稿的经历，早就没有了发表的喜悦和兴奋，之所以告诉父母，是因为想让父母知道，她很好，这仅仅是一个简单的告知。谁知道父母看到信之后，却大为快乐，认为她与荷西相处得异常融洽，写信告诉她，他们终于放下心了，让她好好和荷西相处。

多年以来，父母一直是三毛的痛，她虽然叛逆，却深谙中国传统礼仪，知道为人子女，最应该做的事是孝顺。而她自闭、辍学、割腕、满世界游走，没有一件事情是让父母能够放下心来的，在她看来，都是对父母的亏欠。在父母的回信里，她看到了父母的欢笑和安心，她很欣慰。

为了父母的欢笑和安心，她开始一篇篇写沙漠里的故事，向远在千里之外的人讲述沙漠里的故事。

她本来就爱沙漠，有了读者，更加认真地在沙漠生活，把对生活的热情都挥洒在这片热土上，都挥洒在她和荷西的小家上，更挥洒在一份份稿件中。原来她只是热爱，现在却忽然有了一种使命感，觉得有责任把沙漠里的真实情况向世人展现出来，尤其是向千里之外的人们展现出来，让人们了解撒哈拉。

展现的方式，除了文字，还有图片，而且相对来说，图片更直观。不写稿的日子，她就背着一架相机到沙漠深处去拍照片。

沙漠看似黄沙漫漫，其实情况也极其复杂，尤其是深入到沙漠深处，需要向导引领。三毛不认识其他的人，驻扎沙漠军团会定时往沙漠深处送水，三毛就找军团，请求他们带自己过去。

向导好找，大漠深处居民的工作却不好做，这些大漠深处的人，一辈子都在沙漠生活，从来没接触过外面的世界，对她这样一个异乡的女子，排斥多过好奇，看见她去就远远躲着，不和她接近。她第一次进沙漠就吃了闭门羹，无功而返。第二次她聪明了许多，看到居民中多是妇女和孩子，就带了饰品和糖果免费分给大家。不花钱就能吃到糖果，得到饰品，大家开始对她有所亲近。

得到大家的信任之后，她开始执行她的使命——照相。她拿着相机给见到的人拍照，谁知这些人没照过相，觉得相机会把人的魂魄吸进去，看见她拿起相机，都纷纷躲开，刚刚建立起来的信任又消失了。这当然不是三毛预想中的，再去的时候，带了一块镜子，亲自试验，让大家亲眼看见自己的魂没有被收走。眼见为实，大家看见她出现在镜子中，现在又活生生出现在大家面前时，相信了她的话，从不让她拍照，到盼着她来给自己拍照。三毛成了沙漠中这些原住民的御用摄影师。正因为这样，广大读者才能看见那些原汁原味的沙漠深处的图片。在拍照的过程中，三毛对人生，也有了更深层次的思考。从哪儿来，到哪儿去的问题，也开始在她心头萦绕。

三毛以为她就是拍一下照片，做一个文化交流的使者，没想到还有了意外收获。一次她拍照的时候，一个老年妇女头痛难忍地在地上打滚，她看不下去，给了对方两片阿司匹林，妇女吃完之后，过一阵马上就不疼了，妇女大喜过望，逢人就说是三毛的“灵药”把她治好的，三毛的名声也扩散开来，大家有个头痛脑热的病症，都找她来看。

她玩心重，胆子也大，并没想到这是多么人命关天的大事，只要有人来找药，就给，竟歪打正着看好了很多病症，还得了“名医”的美誉。一次一位即将临盆的妇女竟然找她给自己接生。当然，这个工作，三毛没敢接，而是由荷西开车帮忙送到了医院。

闲着无聊，三毛还在家里开起了学校做了老师。留学期间她在每一个地方都兼职过老师，有丰富的教学经验，教学生是信手拈来。她的学生是周围居住的妇女和儿童。她教她们简单的英文，如果天资聪颖的话，也会教一些简单的算术。

三毛的这个学校，就是为了排解孤寂而设，流动性很大，你来我走，最多的时候有十四五个人，最少的时候只有一个孩子。这些孩子为三毛的沙漠生活增添了很多乐趣。

自然，这些都是小插曲，更多的时候，三毛是和荷西在一起过两个人的时光，享受两个人的浪漫。到沙漠中探险，携手看夕阳。

有人说荷西是真爱三毛，但三毛爱荷西要弱上几分，因为她在文章中写过，之所以选择了婚姻，小部分是因为荷西的痴情，大部分是因为父母。可能是吧，或者说有一点点对，三毛一直说，两人是先结婚后恋爱的。但是后来，三毛爱荷西爱得炽烈和狂热。这些在她的文章中随处可以读到："我是太爱他了，我不后悔我的选择，他在我所有的男性朋友中是最好的……"

"遇到喜欢的，百万就嫁，遇到不喜欢的，千万也不嫁，荷西问我，说来说去，你还是要嫁个有钱人，我说，也有例外的时候，要是遇到荷西，能吃饱饭就行，而且可以吃得更少……"

这不是爱吗？在我看来，这便是真爱。

荷西称三毛是他的撒哈拉之心，而沙漠和荷西就是三毛的诗和远方。

冥冥中自有天定，三毛千里迢迢地找，万里迢迢地寻，就为了在这个前世的地方，和自己的挚爱亲情相拥，炙热相伴，把苦难过成花，把日子过成诗。

第五章 梦里繁花终落尽，肠断归乡

逃离

三毛和荷西在沙漠里享受着浪漫，享受着人间烟火，享受着那份神仙眷侣般的生活。她太爱大漠了，她太爱荷西了，她希望时光就停滞在这里，她也停滞在这里，和她心爱的荷西，停在她深爱的大漠。然而，世间的事，哪有那么多天遂人愿。他们在沙漠的第三年，这块诱人的沙漠，开始掀起了波澜，摩洛哥人和西班牙人因为沙漠的归属权打了起来。

其实，一直以来，这片沙漠就是一块诱人的蛋糕，经常有人觊觎，纷争不断，西班牙当年也是用武力把这块土地划在了自己的殖民下。如今，再起争执也是意料之中的事，只不过这一次比以往复杂，眼见西班牙国力渐弱，当地人就吹起了抗争的号角，进行了反击，使战事变得更加激烈与扑朔迷离。

不少人开始逃离沙漠。

第一批人逃离沙漠的时候，三毛没想到走，她舍不得离开。这里是她心心念念多年的地方，是她追寻的世外桃源，她还在这里搭建了一座爱的城堡，她不想，也不能离开。

然而，混乱的时局已经不允许她留在这里了，撒哈拉威人开始排斥西班牙人，沙漠的形势变得异常紧张，他们居住的小镇阿尤恩更是一片兵荒马乱，已经出现了驱赶西班牙人的事情，镇上的西班牙人大多数已经撤走，他们不可能留在这里了。

走，也没那么容易。混乱的局势已经让飞机票一票难求。这种情况让荷西异常焦急，他告诉三毛，有机会三毛先走，自己回公司运送物资，和公司一起走，两人到加那利群岛会合。

听到这个消息，三毛心里很难过，虽然这三年里，两个人也因为工作的关系分开过一小段时间，但是今日的分离不同往日，这次是在战场，是战争，她害怕一次分离可能就会造成终生的分离，她再也见不到她的荷西。而且，这样危险的时刻，她不想和荷西分开。

她告诉荷西，自己和他一起走，共同进退。荷西当然不允许她这样做，他托人给三毛买好了机票，并让一个同事送她离开。

飞机的起飞时间是夜里。同事天黑之后过来接她。情况已经由不得三毛了，她坐在亲手打造的小屋里，抚摸着一件又一件的家具，有一种想哭的冲动。这里哪一件都存留着她和荷西的温度和汗水。自从见到那本地理杂志，她的心就被撒哈拉沙漠占满，她想看看那片千年的沙漠，她想感受一下沙漠中千年的风沙。于是，她来了。她不仅如愿地来了，还是和挚爱的人一起来的。他们一点点装扮家，一点点安稳，一点点在柴米油盐中感受着生活的美好，享受着生命。她以为，她和心爱的他会在这里一生、一世。谁想到会离开呢，并且以这种方式离开，把这个小家，把一件件亲手打造的家具，都扔在这里，扔在战火中，她又怎么能忍心和舍得。她更舍不得的，是那一个个亲手打磨的日子。

如今就要走了，她怎么能不伤心，不难过。她默默地打着背包，边打边在心里流泪。

“咚咚咚，”门外响起了敲门声。是荷西的同事接她来了。她站起身，把朋友让进屋内，拎起了背包。即使有万般不舍，她也要走了。再见了亲手打造的家，再见了荷西！

夜里，三毛登上了飞机，飞机的落脚点是和沙漠隔海而望的加那利群岛。

这个岛屿，不同于沙漠的荒凉，风光秀美，景色宜人，是北大西洋的明珠，更是西班牙著名的旅游胜地，每年都有不少人到岛上观光旅游。三毛和荷西在节假日的时候曾经来过几次，每次来都让他们感

到内心的安宁，所以两人都非常喜欢这个岛，也曾经畅想在这里生活。但是以这样的形式来到这里，而且荷西还在荒乱的沙漠，三毛站在岛上，心始终不能安定下来。

她担心着荷西。两人商定是靠电话联络的，下了飞机，她就给荷西打电话，没打通。隔一阵再打，还是没打通。没打通就寄信，邮局告诉她，因为沙漠的局势混乱，暂停信件业务。真实的音信全无，整整二十几天，她没有荷西一点消息。

那真是一种煎熬，她盼着早日见到荷西，却不知道荷西要怎样逃离那处险境，对她来说，每一秒都是煎熬。

这么多年来，三毛从来没忍受过这样的煎熬，她在写给父母的信中说：“我都要疯掉了。”

然而，留在大漠的荷西，何尝不煎熬，时局混乱不堪，公司已经无力保护他们的安全，道路封锁，飞机不通，他不知道怎样离开大漠，只好一次次开车到海边。海边有军舰，他希望能寻找到机会。然而，他是异想天开，海边有军舰，但却不载平民，他问了好几个军舰，都失望而返。

他几乎有些绝望了。

但是为了三毛，他还是一遍遍开车去海边。

他不知道，他去海边的时候，三毛也一次次去海边向沙漠这边张

望。早上天亮就去，晚上最后一班船，最后一个人在海边离开了才回。人瘦了一大圈，神情恍惚。

两个相爱的人，被一池海水阻隔，被担忧和思念煎熬。

然而，世间是不会让人太过于绝望和伤心的，这天，荷西又来到了海边，看见两艘军舰正停在海边。原来军舰发生了故障，军舰上没有技师，不知道怎么修复。荷西告诉他们，自己是潜水工程师，可以帮助他们修复，但是有一个条件，把他和他的一车物品载到对岸去。

两个小时之后，荷西上了军舰。不仅荷西，荷西的车、车上的物品，都上了军舰。几个小时后，三毛终于在海边见到了她牵肠挂肚的荷西。荷西也看到了她，一把把她搂进怀里，用自己的大胡子，蹭着三毛的脸。而三毛，则搂着荷西泪流满面，她的荷西回来了，她的荷西终于回来了。她哭，她笑，发泄着她这些天的担忧和记挂。分别的二十几天，她没吃过一顿好饭，没睡过一个好觉，荷西回来了，她终于能吃一顿好饭，踏实地睡一觉了。

当天下午，两人开着车找房子。三毛喜欢安静，荷西喜欢海，两人把新家安置在一个远离繁华中心地带的海湾里，门外就是绵延的海滩，隔着窗子就能看见大海。

坐在窗前，三毛摊开信纸给父母写信："爸爸，妈妈，你们的女

婿是世界上最最了不起的青年。”

对于女人，世上最大的幸福和依靠是有一个可以护你周全的男人。三毛找到了、遇到了、碰到了，她越来越认可这个可以护她周全的男人。

大加那利的烟火

两人的新家，是一对瑞典夫妇闲置的房子，有居室、大厅、客房和浴室，各类家具一应俱全，还有一个花园，比沙漠的房子要好上千万倍。这对于生性浪漫，心里充满了诗情画意的三毛来说，简直是量身定制，而这样一个条件超好的房子，房租却很便宜，更让她心满意足，一度以为捡到了宝。

在这栋房子里，三毛超喜欢那个巨大的玻璃窗，有空的时候，就坐在窗前看海上的帆船。

像在沙漠里一样，两人又开始布置自己的家。把从沙漠里带来的物件，一件件搬到新房子里面。

在沙漠，三毛为了更了解沙漠，和周围的邻居都成了朋友，撒哈拉威人没分寸感，让三毛不胜其扰。所以到了大加那利，三毛和荷西

给自己下了命令，不那样无界限感地和邻居们有过多接触，过自己的生活。然而不久，三毛就失言了。让她失言的是一个经常到她门前扫落叶的老人。

这位老人每天都在街上扫落叶，不仅扫，还会把落叶一片一片捡起来。他是扫三毛门前的落叶时被三毛注意到的。看着他每天不辞劳苦地过来捡树叶，三毛有些心疼，跑出去拼命摇晃门前的树，想让树叶一次掉落，一来二去就和老人熟识了。她知道老人一个人生活，大把的时光无法打发，就过来扫扫落叶，既美化了环境，也充实了自己。在三毛心中，老人一直是呆板无趣的，这个老人，颠覆了她心中对老人的印象，开始接近和接纳老人，和老人打成了一片。

自然，她也因此结识了很多其他的老朋友。这些老朋友中，真正给三毛带来震撼的是艾力克。

艾力克是一个七十五岁的老人，爱人已经过世，目前和一个七十四岁的女人安妮同住在一起。艾力克的家中，摆放着亡妻的照片，他告诉三毛，自己和妻子在一起的时候非常恩爱，现在自己还经常想起和妻子一同生活的情景。他爱他的妻子，深深的爱。

这是让三毛感到震撼的原因，既然这么爱，怎么会在她离开的时候又和其他的人双宿双飞？

艾力克是，安妮也是。安妮曾经告诉她，自己也非常爱自己的丈夫，过去爱，现在也爱。那么爱，还和艾力克谈笑风生，三毛想不明白。

一次三毛到艾力克家做客，艾力克没在家，只有安妮在家，三毛实在忍不住了，把她的疑问甩了出来。

听到她问，安妮笑了，告诉她每个人都有过去，他们也在怀念过去的另一半，但是，人是要活下去的，所以，缅怀另一半的时候也应该寻找新的幸福。

安妮的话，一下子打开了三毛的心结，是啊，每天愁闷又怎样，日子还是要过下去，那么寻找下一站幸福，也许是最好的选择，最好的结果。

安妮的话对三毛的触动非常大。荷西过世后，三毛那样挚爱，那样心痛，那样情不能自已，却依旧生活了十年，就是安妮的话在起着作用。所以她在自己文集中写道：“没想到岛上的这些老人，真给我上了一门在任何教室也学不到的功课……”

三毛特别注重感情，在岛上相对静谧的时光里，三毛除了给父母写家信倾诉衷肠之外，还担当起了给荷西家人写家信的责任，有时候一天写三封信，用来黏合彼此的亲情。

大加那利岛由七个小岛组成，是镶嵌在大西洋上的明珠，风光秀美、景色宜人。经历了逃亡的劫后余生，怀里又揣着荷西变卖沙漠家

中拿不走的家具所赚的一万二千元钱，两人没有着急找工作，而是来了一次环岛旅行，全方位地感受大加那利群岛的无穷魅力和秀美风光。

然而，世上的美好总是短暂的，两个人环游了大加那利岛之后，一个严峻的现实问题摆在了面前，两个人的钱扣除房租，已经所剩无几。迫在眉睫的事情，不是浪漫的相依相守，而是荷西找到事情做。

只是动荡的时局直接影响的就是就业。找工作成了天底下最难的事，他们找了两个月，工作还没有着落。实在没有办法，荷西想到去海上做船员。但被三毛阻止了，荷西拿到了潜水资格证书，这个证书在整个西班牙，算上荷西只有二十八人拥有，三毛觉得凭着这份证书，荷西应该有更好的工作，应该大有作为。

可是动荡的时候，到哪里去找那些合适的工作呢？别说合适的工作，就是做得长一些时间的工作都难找。有一次，荷西去一个公司上班，四天之后，就被告知不用过来了，公司已经倒闭了；另一次更是让人难过，荷西上了两个月班，发薪水的日子居然找不到老板。

一次次碰壁，让两人的日子重新变得艰难。最后，实在找不到工作，荷西提出和一个朋友再去沙漠，沙漠还有几个没撤出的公司，能找到些零工。就是需要吃住在沙漠里，每星期只能回来一次，让人不太满意，而且因为沙漠局势混乱，失业人多，工作难寻，薪水只有以前的一半。

但一半总比没有好。越是混乱的时候，越看得出钱的重要，虽然万般不舍与不放心，三毛还是同意了。

逃亡，搬家，三毛写稿的事情暂时中断，荷西去了沙漠，她开始重操旧业，在家里写稿。在沙漠经历了那样的大逃亡，让她对人生有了更深刻的感触，她想写一下沙漠逃亡，想写一下那些为自由而战的沙漠人，她有太多想写的了。加上生活的窘迫，也让她有更多的写作动力。虽然稿费不多，多少会对他们的生活有帮助。

三毛开始着手写作。

三毛写沙漠故事给《联合报》副刊投稿的时候，副刊的主编平鑫涛就对这个笔法自然、感情真挚的作者钟爱有加，这时候听说她搬了新家，有了充裕的时间，鼓励她把沙漠里的故事结集成书。这正中了三毛的心思，虽然写作任务很重，她还是接受了这个建议，着手准备书稿。

这本书是三毛的第一本书，就像她的孩子，她异常珍视，整理得非常用心，并把书籍直接命名为《撒哈拉的故事》。三毛没有想到，这本书，让她成了大家追逐的偶像。

生活总是在不经意间给人磨难，三毛迎来了创作的高峰，荷西却遇到了事业的低谷，在沙漠工作了一段时间之后，他失业了，回到

了家里。

大加那利群岛的风光，三毛还是十分满意的。她满意美丽的海滩，满意自己房子里漂亮的玻璃窗。荷西回来了，没了工作，她也没有丝毫不满意的情绪，平日里，荷西每天上班，两人很少有大段地在一起相依相守的时光，如今荷西回来，她能够和荷西一起看日出，看斜阳，也是一种满足。

荷西是一个热情和阳光的人，他积极地寻找工作，找到工作就勤勤恳恳地做事，找不到工作就守在三毛身边，陪她过柴米油盐。

两个人对金钱、对生活都没有太多的奢求，所以没工作、没钱，并没有对他们的生活造成多大的影响，更不影响他们在岛上你依我依，过神仙眷侣般的生活。

这期间因为安静宁和，并且有荷西相伴，三毛写了大量的作品，先后出版了《撒哈拉的故事》《雨季不再来》《稻草人手记》《哭泣的骆驼》《温柔的夜》，迎来了她写作上的一个高峰。

大加那利群岛是三毛的港湾，也是三毛的福地，她说，大加那利群岛是她的一世。

荷西追逃妻

荷西的工作依旧时好时坏。少了一个人的收入，日子捉襟见肘。三毛开始大量的写作，以便换取稿费。为了多赚一些稿费，她没日没夜地写，有一个月写了几万字。她在给父母的信中说，有一个月写伤了，要好好休息一下。其实仅仅是说说，面对生活的压力，她还是舍不得放下笔。

那段时间三毛工作的势头很足，不仅写稿子，还接了翻译漫画的活，总是工作到很晚。一天三毛写好稿子进到卧室，发现荷西还没有睡。当时已经是夜里三点多了，她奇怪地问荷西为什么不睡？荷西告诉她，没有她躺在身边睡不着，看见她在埋头写作，又不敢去打扰，就只好一直睁着眼睛等。三毛听了心里五味杂陈。她常年失眠，想象得出苦熬着不睡觉的滋味，第二天早早地结束了工作。赚钱要紧，但

是让心爱的人一直等，她宁可少赚。但少赚，只能让他们的日子更难以为继。

两个人刚结婚时在马德里买了一套房子，想作为日后的安居之所。现在生活告急，他们筹划着把房子卖了。荷西告诉三毛，房子卖了之后，让她回台湾看一下父母。这让三毛大为感动，结婚以后，因为各种各样的原因，她已经好几年没回台湾了。虽然书信不断，但对家人的思念怎么能是一方小小的纸笺能够替代的呢？相反通信越多，思念越重。如今，荷西让她回台湾，她怎么能不开心，不兴奋？

她迫不及待地把这个消息告诉了母亲。她太想回家了。可是，她刚把消息告诉母亲，荷西就对她说，来回路费昂贵，自己就不和她一起回去了，房子卖了她一个人回去。三毛的兴致一下子被浇灭了，自己是想父母，可是没有荷西相陪，自己一个人回去，又有什么意思呢？

她让荷西不要再提这样的话，等房子卖了两个人一起回去。恰恰在这时，荷西接到一个朋友的邀约去一家公司工作，这个话题便放了下来。荷西去工作，三毛在家写稿。三毛他们所住的岛，是一个孤岛，人迹罕至，没有任何工作岗位，要工作都需要到岛外去，荷西也不例外。荷西一走，三毛就成了孤家寡人。

情侣之间，在一起相处久了会感觉平淡如水，看不出有多想念，

可一旦一方不在身边，留给另一方的就是蚀骨的思念。平常夫妻如此，三毛和荷西，眷着恋着，如神仙眷侣一样，荷西一走，钻心蚀骨的思念就像一条巨龙，撕咬着三毛。除了写稿，她更多的时间都在想荷西，经常想得入神，忘了身在何地。

一个黄昏，她在海滩上散步，想荷西想得入了神，一辆车向她撞了过来，她没看见，更躲闪不及，车子一下子撞到了她身上，一阵钻心的剧痛袭来，她昏倒在地，睁开眼睛才知道，她被撞断了两根肋骨，被邻居送到了医院里。

为了害怕荷西担心，她嘱咐邻居不要告诉荷西。邻居告诉她，已经晚了，她昏迷的时候，自己已经通知荷西了，估计荷西都快到家里了。邻居没有说错，接到三毛被车撞了的消息，荷西心痛不已，连夜往回赶。三毛和邻居刚说话没多久，荷西就站在了三毛的床头。

三毛这次在医院里住了十天。工作不易，身体恢复好些，她马上催促荷西回去上班，自己能照顾好自己。听到让自己去上班，荷西谈笑风生的脸黯淡下来，他告诉三毛，自己不用去上班了。原来，公司人员紧张，不给假，他是从公司辞职回来陪她的，他失业了。

这简直是雪上加霜，三毛刚刚快乐起来的心又涂上一层阴影，没有了工作就没有收入，用什么生活呢？三毛从来不是一个对生活抱怨的人，开始更加努力地写稿，想用自己的稿费让日子轻松起来。哪知

事情远没有她想象的那样美好，钱没赚多少，她的旧病却犯了，疼痛经常撕咬着她的身体，她感觉自己要受不了了。鉴于这里的医疗条件和自身的经济问题，三毛决定回台湾治病。

平时，荷西打鱼的时候，她都会陪着去的，这天，她没有陪他，而是趁他出门的时候收拾了行李，去了机场。

荷西在家门口的水里打鱼，经常打一阵就会抬头看一下三毛，而且总能看见三毛。这次，他习惯性地抬起头，却没有看见三毛，一种不好的预感向他袭来，他放下渔具跑回家里，家里的门关着，没有三毛，院子里也没有三毛，他又折回到屋里，在房间的桌子上发现了三毛留下的一封信：我回台湾几日。

虽然他们说起过，三毛想回去治病，但三毛真走了，而且这样悄无声息地走了，荷西的心里一阵失落。去几日，去几日呢？他发动了车子。他要追上三毛问清楚她去几日。

赶到机场，飞机还没有起飞，三毛正在办理登机。荷西一把抓住三毛的手，本来想问问她去几日，谁知一句话也说不出来，眼泪倒噼里啪啦往下掉，三毛温柔地替他擦去眼泪，叮嘱他好好照顾自己，之后登上了飞机。

这次，换成荷西钻心蚀骨的思念。他睁开眼，眼前是三毛；他闭上眼，还是三毛。思念的触角，像一只小手，撕扯着他的心。

从机场回来，他就一直闷闷不乐。他是为了三毛来沙漠的，他们一起组建了家，如今这个家里没有了三毛，还有什么意思呢？虽然三毛只是回台湾治病、看父母，但是毕竟不在他身边了。而没有三毛在身边，他不习惯。

坐卧难安的滋味太难受了，他开始提笔给三毛写信。荷西知道三毛在飞机上，不可能这么快到台湾，不能及时收到信，就把信写给了三毛的母亲。告诉母亲，三毛已经回去了。

信漂洋过海，要九天才到，他每天都写，洋洋洒洒写了很多封。三毛母亲接到了信，却没有回信，而是把信交给了刚下飞机的三毛，嘱咐她给荷西回信。三毛却把信放在了一边，自己好不容易回了家，好想多待一阵，而这多待的话，不太好意思说出口，怎么回信呢？

而且这时候，她因为处理一些事情比较忙碌。著名散文家余光中正在发起“让现代诗与音乐结婚”的民歌活动，知道她现在在台湾，便邀请她参加，并提议她和余光中、叶维廉、郑愁予四个人分别写些歌。

她正在根据自己的真实心路写她的《橄榄树》。这是她第一次写歌，她要非常用心。

母亲对她这种态度非常不满，逼着她给荷西回信，她只好硬着头皮写，当然，没写她不回去，更没写她参加了活动，怎么写歌，怎么

玩，只写了忙完就回去。

等着盼着三毛的信，等来的却是轻飘飘的“我忙完了就回去”几个字，荷西哭笑不得。他太了解三毛了，离开家乡太久，她有太多的事情要做，太多的朋友要见，太多的活动要参加，太多的人需要她。可他，她的丈夫呢，她的丈夫不也需要她吗，不也思念她吗？

正劝不行，只有智取了。荷西又拿起了笔，他不再询问三毛何时回来，而是告诉她，他们家旁边搬来了一位女邻居，妩媚迷人，两个人相处甚欢，她可以不必急着回来了。

接到这封信，三毛笑了，笑了一会儿又哭了，这个当年的大男孩，现在的丈夫，为了让自己早日回去是花费了多少心思呢？她看了病，办了事，也真的应该回去了。

可不是吗？这个家，离开了好几年的家，还像自己当年离开时一样，让她感觉自己还是那个融不到白羊里面的“黑羊”。

不是吗？家中已经不是昨天的样子了，姐姐做了音乐教师教钢琴，弟弟也已经结婚了，并且还做了爸爸，而这些她都不知道。最让她心里难受的是弟弟的两个孩子，竟然不认识她。这里是自己的家，自己回来竟然有人不认识自己，难道这不是自己的家吗？

她感觉自己是不属于这里的。那么自己是属于哪里呢？当然是遥远的非洲，遥远的一个叫作大加那利群岛的地方，那里有一个把她捧在手心里的大胡子，是她的丈夫，荷西。她要回到那里去。

她不顾母亲的眼泪和挽留，踏上了回程的飞机。在她，家是加那利群岛，家人是荷西。

心酸尼日利亚

生活总是藏着惊喜，让人喜忧参半的。

从国内回来之后，三毛愈加感受到了自己和荷西的相依相偎，对荷西愈加依恋，两人的感情也愈加深厚。这时候，马德里传来好消息，他们的那栋房子有人出价要买。这真是一个好消息，两个人马上飞赴马德里，从马德里回来，他们的银行卡上多了好多钱。

与此同时，还有一个好消息等着他们，在他们租住的房子附近，有一栋房子要出售，和目前住着的这个一样，靠近海滩面朝大海，有宽大的落地窗和小花园，景色宜人。不同的是，买下这栋房子，这些就真的让他们完全拥有了。看过房子之后，几乎不假思索，两个人就买下了这栋房子。买完之后，两人银行卡上的钱又所剩无几了，不过拼搏了多年，终于有一栋自己的房子，他们的内心还是非常愉悦的。

这么令人满意的一个新家当然要好好装修一番。不过三毛的精力和体力都没有在沙漠时期好，装修房子又是一个大工程，她做不了，这一切只能都交给荷西。荷西当然是没有怨言的，这是他们共同的家，共同的后花园，再苦再累他也甘之如饴。

当然，生存依旧是头等大事。在装修房子的过程中，荷西一直没放弃找工作，并且在10月的时候，找到了一份安装海底电缆的工作，一个月900美元。900美元虽不多，却可以解决他们夫妻的日常开销。唯一不好的是，依旧需要坐飞机到另外的岛上，周末飞回。这对于他们来说，已经习惯了，所以并不觉得有什么不妥，只是，荷西一离开，思念又开始吞噬三毛，为了多和荷西待一会儿，她每次都亲自把荷西送进机场，亲眼看着荷西登上飞机才回来，回来之后还要守在广播前听新闻，直到听到没有飞机失事的新闻才放心做事。荷西走的时候是这样，返回的时候也是一样。思念像一条藤，缠绕着三毛。只是这份思念没缠绕多久，荷西就失业了。

荷西也为此焦虑不已，四处寻找工作，然而工作难寻，一年后他才在朋友的介绍下，在尼日利亚找到了一份潜水工程师的工作。

这是一家德国人开的公司，荷西去做工程师，工作轻松，薪水却不错，还能享受到业务分成。当时荷西已经许久没工作了，听到又是这么好的条件，一口答应了下来。并且直接签了四个月的合同。这就

意味着没有特殊情况，四个月不能回国。然而，为了生活四个月又能怎么样呢？两个人也不是没有经历过，从沙漠搬出来后，两人分分合合已经习惯了。

三毛开开心心地把荷西送上了飞机。同时她也在心里做好了准备，荷西工作，她写稿，四个月，一定能写不少稿件。

但是计划永远没有变化快，三个月后三毛就坐不住了。原来和荷西一同去工作的朋友回来了，他说，工作根本就不像当初说的那样，这家公司的老板特别黑心，每天要工作至少 15 个小时，晚上也要在海里爆破，星期天也不休息，吃的也不好。最主要的是受伤了也要工作，还不按时给薪水。

听到这些，三毛再也坐不住了，她要去和老板谈判，这样的工作强度是会逼死人的，而且和当初的协定严重不符。

另外，她去那里还有一份小心思。听这位回来的朋友说，老板有意想把现在做饭的工人辞退，她要和老板商量一下可不可以雇她做厨娘，这样既可以照顾荷西，还能赚薪水，一举两得。老板不和工人一起吃饭，只做工人的饭菜，工人又只有荷西和这位朋友两人，她虽然体质不太好，但是三个人的饭菜，她完全能应付过来。

她马上给荷西发去了电报。

接到电报，荷西是矛盾的，他不想让三毛知道自己的境况，然而他又思念三毛，不放心她长久一个人在岛上居住，他斟酌再三，给三毛订了机票。忙中出错，他订机票的时候说错了信息，结果三毛到马德里取票的时候，在马德里和大加那利群岛来来回回折返了好几次，多飞了四千五百多公里。三毛到达尼日利亚的时候已经是夜里，荷西已经在机场等候多时了。

三毛注意到荷西比两个人分开时瘦了一大圈，衣服穿在身上松松垮垮，才三个月的时间，人就瘦成这样，这是遭受了怎样的折磨啊？这么一想，三毛禁不住鼻子一酸。

看见三毛哭了，荷西急忙伸出手来给她擦眼泪，一只包着纱布的手，出现在了三毛的面前。

“这是怎么回事，你告诉我这是怎么弄的？”三毛抓过了他的手，声音近乎疯狂。荷西告诉她，不小心碰的，已经没事了，天还在下雨，需要马上回宿舍去。

三毛这时候才注意到，天下雨了。她不再追问，跟着荷西找车，心里却有一个声音说，一定要弄清楚到底是怎么回事。

到了宿舍，三毛就弄清是怎么回事了，老板让荷西到水下去修理机器，当时荷西已经连续工作两天，万分疲惫，一个不慎工具砸在了手上。这本来是荷西自己的过错，不算什么，而老板呢，荷西手伤了，居然不让休息，荷西没有办法只好缠上一块纱布继续工作。荷西

的工作都在水里，伤口在水的浸泡下红肿发炎，好些天都没有痊愈。

这个当然不是荷西告诉她的，而是荷西替她拿行李的时候，荷西的朋友说的。朋友还说，事情比自己形容的还要严重，荷西手指受伤露出了骨头，老板都没让休息，荷西真是太能忍了，这个老板也真是太黑心了。

听着听着，三毛的心在滴血，怎么会有这样的老板，荷西为什么不说，不反抗呢！荷西回来，三毛生气地责问荷西。而荷西只告诉她自己已经两天没睡觉了，太累了，倒头便睡，不一会儿就响起了鼾声。

听着荷西的鼾声，三毛怎么也睡不着。她没想到荷西遭遇了这样黑心的老板，做这样的工作。太让人生气和心疼了。

她不知道让她更心疼的事还在后面：他们和其中的一个老板住在一起，老板的同居女友负责伙食，每天只吃一顿早餐，中午在工地吃，晚上老板女友和老板出去吃，不煮饭，荷西和朋友晚上十点多下工回来，没有饭吃，只好自己动手煮牛排，可是，牛排的钱还会从薪水里扣。没有星期天，根本不能休息，得了疟疾，打些针就要工作，每天五点半进入工地工作，干到夜里十点多钟才下班，还不按时发放工资。

居然还有这样苛刻的老板，三毛愤怒了，想着第二天找老板理论。谁知道，她还没去找，其中一个老板竟先找到了她，给了她一点钱让她帮忙把两个做杂事的工人打发走，虽然没说让她负责伙食，但是态度已经表明了。只是从始至终都没提给她多少钱的事，倒反问，住宿的钱已经在荷西的工钱里面扣了，伙食费怎么算。

三毛的倔强脾气一下子上来了，气冲冲地说，自己会记账，不会多占。

她这个回答老板很满意，扬长而去。看着老板的背影，三毛一句话也说不出来，她原本还打算过来做厨娘赚些钱的，这样看也就不用想了。

荷西回来的时候已经是夜里十二点了，像三毛刚来那天一样，进门倒头就睡，让三毛心疼地不知道说什么好，告诉他做满了这一个月就不做了。荷西冷冷地看着她，告诉她，不做了，自己的潜水证和护照怎么办。这时候三毛才知道老板汉斯扣了荷西的潜水证和护照。没有证件怎么办，只有等到合约期满了。三毛和荷西商定，做到合同到期就结束。然而，三天后三毛发现了一个更大的谎言，老板曾经告诉荷西把一部分薪水打到西班牙账户上，这笔钱并没打过来，而是老板带着自己的女朋友到德国游玩花掉了。其他都能忍，这个三毛实在忍不下去了，她告诉荷西这个工作不要做了，事情可以慢慢找，这样没诚信的老板，不能一起做事，要是实在没有事情做，自己可以多写稿

子，一样可以生活。

荷西从来没有对三毛发过火，听到她这样说冲她发起火来："一个男人怎么能让女人养，不能不做，要是不做，一分钱不会拿到，这四个月就白做了。"

三毛又沉默了。她忘不了荷西深陷的眼窝和砸得露出骨头的手指。要是冲动离开，那么这几个月荷西的苦也白吃了。为了不让他太难过，三毛没有再逼他。只是为荷西烧饭、洗衣，尽自己所能照顾他，让他在劳累之余享受到妻子的关爱和家庭的温暖。

她本来想这样做到荷西工期结束，两个人一同离开，然而二十多天后，她下身出血的旧病又发作了，他们居住的地方没有好的医疗条件，他们也没有钱，荷西心疼她，让她回大加那利群岛治疗，于是她先行回了大加那利。

走之前，她和荷西商定自己先走，荷西做满合约，拿到被扣押的证件和薪水就离开。可是后来荷西的老板出了车祸，荷西没能拿到薪水。荷西是难得的技术人才，老板知道没有荷西公司就无法支撑，不想让他离开，就接连给三毛拍了几封电报，让她再去尼日利亚。有了前些日子在尼日利亚遭遇的阴影，三毛本不想去了，但是她终归心地善良，又想到荷西还在那里，并且还没拿到薪水，心一软，就再一次踏上了尼日利亚的土地，想着工程结束，老板一定会兑现诺言，拿到薪水。然而，三毛不知道，人性是贪婪的，更是不知悔改的。虽然荷西帮公司渡过了难关，但是工期结束的时候，还是以没有钱支付为名，只给了三个月的薪水。而荷西辛辛苦苦工作了八个月。

三毛已经不计较这些了。钱财在她来说本来就很淡，只要荷西能平安归来，两个人能在一起就好。拿着被扣的护照和微薄的薪水，在荷西阔别大加那利群岛八个月，三毛阔别三个月之后，他们回到了大加那利群岛的家中。

最后的浪漫

从尼日利亚回来，像是经历了一场劫难，从身体上到心灵上都疲惫不堪。身体上，当然是荷西的超负荷劳动，再精壮的人，面对那样高负荷的强度也难以承受，何况结婚以来两个人的生活一直比较窘迫，没有能力增加营养，体力上就略逊一筹。精神上则是公司少支付的那部分工钱，做了八个月只拿了三个月的工钱，等于白白劳动了五个月，五个月，一百多天，等于白给公司做了一百多天的劳力，谁的心里都会不舒服。

经历着双重折磨，两人都异常疲惫，所以回到家的第一件事就是修整，两个人都需要修整好身体。他们种花打鱼过了几天休闲的日子。然而，可能是生活看他们夫妻俩经历得苦难太多了，为他们投进来一道曙光，没几天荷西就接到了一个朋友的邀请，到丹娜丽芙岛修建人工海滩。

丹娜丽芙岛是大加那利群岛中的一个小岛，在大加那利群岛最远处，岛上遍布着火山和黑色的火山岩，是三毛最爱的一个小岛，到大加那利群岛初年，他们去那里玩过，去了，三毛就爱上了，她感觉这个岛是火山和海水的结晶，有大西洋最美的海、最雄厚的雪山和最灿烂的阳光，乐不思蜀，亲切地把这座岛称作自己的梦中钻石。

如今，听说到这座岛上去工作，三毛自然是激动万分，恨不得生出一双翅膀，马上飞过去。所以朋友刚说完，她就迫不及待地答应下来，并且收拾行囊，两人重锁房门，奔赴丹娜丽芙岛。

丹娜丽芙岛依然那样迷人，两人沿着海岸线走，在一个海边斜坡上，选了一座房子。这个房子，能看见海，能看见荷西工作的海滩，三毛相当满意。

这个岛景色优美，荷西的工作也不像在尼日利亚那么累，这让两个人心情大好，非常开心地投入进来。空闲时间多了，还不用为生计愁闷，三毛养成了散步的习惯，每晚的黄昏，总是沿着长长的海滩走很远，有时候也会经过一片芭蕉林去图书馆借书。散步的时候，三毛喜欢一个人，但经过那片幽暗的芭蕉林，又有些害怕，就叮嘱荷西在自家阳台上看着她。离得远了，其实也就看不见了，但是远远地看见阳台上有一个小黑点儿，她就觉得分外心安。

两个感情再好的人，相处久了也会相看两厌，产生摩擦。三毛和荷西也不例外。以前他们总是忙于生计，四处奔波，能厮守在一起的时光也有限，相处皆安，现在，每天厮守在一起，小摩擦也就光临了。

荷西不会英文，一天两个人说好三毛教荷西学英文，可荷西学的时候，学一会儿就看一下表，心不在焉，三毛看了非常生气，拿过手中的笔朝荷西扔了过去，把荷西面前的书一下子戳破了。荷西吓了一跳，愣愣地看着三毛，当弄清是因为自己不专心被扔笔时，站起来骂了三毛一句："你这个傻女人。"

可是就是这一句话，把三毛愣住了。这么多年来，荷西从来没有骂过她，也没对她说过一句重话，今天，竟因为这样一件事说了这样狠的一句话，她心酸，难过，受不了，她觉得很委屈。而这份委屈，她又不知道如何去排解发泄，冲到卫生间，抓起剪刀就去剪自己的头发。

她不是在任性胡闹，是真心委屈、伤心和难过。荷西是自己最爱的人，她在他面前不设防的啊。这么些年，他难道不知道吗？怎么还这样对她。难道他不爱自己了吗？她抓着自己的头发，一缕一缕撕剪。身体发肤受之父母，可如今，父母不在身边，身边的这个人也不爱了，那么，就剪掉这三千烦恼丝吧。

荷西冷冷地看着她，忽然拿着车钥匙：“别剪了，既然你不愿意看见我，那我走好了！”说完，荷西走了出去。

门“砰”地关上了。关门的巨大声响，把三毛从疯狂中拉了回来，她疯狂地奔向阳台呼喊荷西，可荷西已经发动了车子。看着远去的车子，三毛瘫坐在地上。

三毛在文集中没交代荷西那一夜去了哪里，只说荷西第二天站在她的面前说：“我说一句话你就这样，要是万一有一天我死了怎么办呢？”

三毛是一个预感非常强烈的人，荷西的这句话，让她预感到未来一定会有事情发生。她抱着荷西大哭，荷西也抱着她哭，两人抱在一起，纠缠了一身的头发。哭过之后，荷西拿过剪刀一点点帮她把头发修剪好。

那是他们俩第一次吵架，也是唯一一次吵架。之后，两个人都不再和对方吵，也不争执，用心呵护着彼此。荷西这个工程是一年，他们也就在这个美丽的岛上度过了一年的快乐时光。

工程结束那天，正好是新年，为了庆祝新年，海滩上燃放了无数的烟花，两个人坐在新建成的海滩上，看天上的璀璨星光。看着看着，荷西说：“我们也许一个愿吧。”三毛双手合十，说了一句：“但愿人长久。”说完之后，不知道为什么，一股惆怅之感涌上心头，她

埋头缩在荷西的怀里舍不得出来，感觉只有这样，才能紧紧地拥有荷西，才安心，才能缓解那份惆怅。

荷西没觉出三毛的异样来，嘱咐她马上回出租屋收拾东西回家。三毛依依不舍地松开荷西，回到出租屋，两个人并没在出租屋居住，连夜赶回到大加那利的家。

大加那利这座房子，已经空了一年，灰尘满布。到了家，两人顾不得休息，开始动手打扫。

随后两人安然地度过了四个月的光阴。

这四个月，荷西依旧没有适合的工作，但三毛一直认为虽然从尼日利亚回来一年多了，可是没来得及修整就又去了丹娜丽芙岛，荷西一直没休息好，而且在丹娜丽芙岛也赚了一些钱，生活已经不再窘迫，完全不必马上去工作。而她呢，到大加那利这个美丽的群岛之后，除了刚来的时候领略了一下岛上的风光之外，也还没有好好玩一下，欣赏一下这个美丽的岛屿。所以两个人决定先不急着找工作，好好享受生活。于是，在三毛和荷西忙碌的人生里，就有了这样难得的一段安然的休闲时光。两个人打鱼赏花，读书品茶，享受着难得的岁月静好。

然而，四个月后，一封电报敲碎了他们的岁月静好。不远处的拉芭岛需要一名潜水工程师。荷西手里的就是潜水师的证书，而且潜水又是他最喜欢做的事情，接到电报他欣喜若狂。看到荷西高兴，三毛也跟着高兴起来，荷西爱潜水，深深喜爱，既做自己喜欢的事情，还能赚钱，到哪里找这样一举多得的好事呢？

两人随即收拾了行李，荷西先去岛上租房子、安置，三毛随后去。

一个月之后，荷西将一切安置妥当，三毛到了拉芭岛。

这个岛三毛以前来过，她很喜欢岛上的风光，将其誉为加那利群岛的江南，为此，还专门写了一篇散文《杏花春雨下江南》。所以对于能来这个岛工作，三毛是很兴奋的。甚至坐在飞机上，她都在想怎样和荷西在这个岛上双宿双栖。然而，一下飞机，她的态度就发生了改变。她感觉岛上有些不对劲。

她是一个非常相信直觉的人。从飞机上走下来，她感到有些压抑，以为是刚下飞机的缘故，过了一会儿，压抑的感觉还没有消失，反而更重了，她有一种很不好的感觉。她对荷西说感觉这个岛有问题。

一个岛能有什么问题。荷西没有理她，他还沉浸在和三毛相逢的喜悦中，认为她是飞行累到了，带她去自己租好的房子休息。

这次他们的新家，是一座位于四楼的不大的公寓房。房子虽小，却很整洁。白天荷西出去上班，三毛一个人留在家里。每天下午四点，楼梯的走廊上就会准时响起荷西急促的脚步声，那是荷西下班回

来了。

这时候她已经和荷西结婚五年多，但是荷西回家的方式从来没有变过，始终是脚步匆匆、急急忙忙，恨不得一步飞回家里看到三毛。这让三毛那种说不清的预感又浮上心头。

荷西没有这样的感觉，但是也比在丹娜丽芙岛眷恋着三毛，下班就匆匆往回赶去看三毛，要是看到还好，要是看不到，就发疯似的跑到街上，挨家挨户地问，挨家挨户地找。无论在哪里找到了，都会丝毫不顾及别人的目光，一把把三毛搂进怀里，就好像找到了失而复得的宝贝。不仅下班这样，工地上的机器出了故障需要修理，他能有两个小时的休息时间，也要从工地上跑回家来看看她，和她说说话才心安。

这样的宠爱和黏腻，也让三毛飘出淡淡的惆怅来，总感觉两人时日无多。于是周末的时候，她会谢绝朋友的邀约，和荷西到无人的海边去露营，两个人在海滩上互相喊着彼此的名字追逐、嬉闹，喊得声嘶力竭。每天早晨三毛去买鲜花和水果，买完后，也不会直接回家，而是骑车到荷西的工地找荷西，两个人在海边说一会儿话再离开。以至于荷西的助手都认识她，远远地看见她，就给荷西打信号，荷西就钻出来和她说话，甜蜜得像热恋中的情侣。有一次工人忍不住问她："你们结婚几年了。"她说六年。说完忽然一阵恍惚，都六年了吗？时间这么快吗？她和荷西在一起六年了。

荷西是在工作，所以不能上来太长时间，几分钟之后就会再次潜入到海里。三毛就痴痴地望着荷西潜下去的地方，望着望着，心中就会生出一股失落来，带着这种感觉，三毛回到家里，有时候就会泪流满面。这让她更相信两个人之间，要有什么事情发生。

这时候，三毛开始做梦了。小时候，三毛有一阵时间会被一个叫珍妮的女孩的歌声缠绕。这次做的梦，不再是那个缠人的歌声，而是一个寂寥的车站，三毛在这个车站上车，车上只有她，没有荷西，车子开动，她不关心车子要开往哪里，只是疯狂地寻找荷西，但一直找不到。

不期而至的梦让三毛感觉，两个人中一定是有一个人要离开。她首当其冲地把要离开的这个人想成自己，因为她体质不好，总是被疾病折磨。如果上天一定要在他们中带走一个的话，那定然是多病的她，而不是健康阳光的荷西。为了这个梦和这个感觉，她又悄悄流泪了，她强压着心头的难过告诉荷西，如果有一天自己死了，一定要找一个温柔点的妻子。

突如其来的话，招到荷西的一阵责骂，荷西告诉她，如果真要有那么一天的话，他就放火烧了两个人的家，然后坐船飘到海上去，终生不上岸，飘到老死。听到他这样说，三毛瞬间不敢那样讲了。

她不愿意让荷西死，也不想听荷西谈死，荷西怎么可以死呢，荷西死了，她该怎么办?

她搂着荷西说:“不许你那样，你不死，我也不死。”

别离

荷西每天都会准点出现在三毛面前。但是在两人结婚六周年纪念日那天，已经过了好一阵，荷西还没有站到三毛面前，这让她非常着急，慌忙到楼下寻找。在楼梯口，她遇到了刚跑着回来的荷西。荷西递给她一个红色绒盒，说是买给她的礼物。三毛小心地打开，看到一块旧式的女式手表。

看到手表，她怔了一下。荷西真是太了解她了，怎么就知道她想要这样一块手表呢。自己一直喜欢这样的旧式手表，就是没舍得买，也没钱买。她没买，荷西却买给了她，这是怎么样的心有灵犀呢。

看着手表，她呆立着没动。荷西却以为她心疼钱，慌忙告诉她，买手表的钱是自己额外多潜水几小时赚的，不是薪水里面的，不要担

心。还说送给她这块表，是让她以后的一分一秒都不能忘了自己。

又是不能忘记，又是这样的话。那种怪怪的感觉又在三毛的心里蔓延，她有些哽咽，说不出话，只是抱着荷西，紧紧地抱着，不想松开。荷西说希望她一分一秒都忘不了他，她又何尝不是呢，她不仅一分一秒都不能忘了，连分开一会儿都不想。

夜来了，荷西响起了鼾声，她还在想荷西的那句话，想他们相处的这些年，想着想着，她轻轻推醒了睡熟的荷西，轻轻地说："荷西，我爱你。"

"你说什么。"荷西一下子从床上坐了起来，抓着她的肩膀，"你说什么，再说一遍！"

"荷西我爱你！"

三毛又说了一遍。这一遍，让还处在懵懂中的荷西一下子清醒过来，哽咽地说："我终于听到你说这句话了，我等你这句话，等了那么多年。"说完，他像一个孩子一样，哇哇大哭起来。

三毛的眼泪也跟着流了下来，她知道荷西等这句话等了很久，可能从认识她那一天起就等，后来跟着她到了沙漠，到了这儿都在等，如果她不说，她相信，他还会一直等。她知道他在等，为什么不说呢，她不知道。但是今天，把这句话说出来，她觉得舒服多了。

这一年，因为荷西工作稳定，两个人的生活也出现了好转的迹象，夏秋之交，三毛邀请父母到岛上来游玩。这是荷西第一次见到三毛的父母。西班牙人没有叫女方父母爸妈的习惯，荷西见了两人，却叫着爸爸和妈妈，让三毛忍不住流下了幸福的泪水。

三毛的父母在岛上住了一个月。这一个月，他们和荷西相谈甚欢，也更加认可这个半子，认可女儿的眼光，对于这样的男人，把女儿托付给他，他们放心。

在岛上小聚之后，三毛要陪父母到欧洲散心，他们和荷西约定，来年休假的时候一起回台湾。机场送别的时候，荷西倒退着挥手，阳光帅气。没有人能够知道，仅仅一天之后，这个帅气的大男孩就在大海中溺亡。三毛和荷西经历过多少次的机场别离，可是这一次看似和平常毫无二致的别离，竟成了永别。一天之后，三毛得到了荷西出事的消息。

那天正是中国的传统节日——中秋。上天好像跟三毛开了一个玩笑，在最该团聚的日子，让她和最爱的人长久别离。

得到消息，三毛感觉她的天塌了，当天就返了回去，握着荷西冰凉的手坐了一夜。荷西下葬的时候，她一遍遍呼喊荷西的名字，哭昏过多次。然而，故去的人是回不来的，任凭三毛喊得再声嘶力竭，荷

西也没有重新站在她身边。下葬之后，思念更是撕咬着她的身心，她用柔弱的手指挖荷西的坟，想再抱一抱他。她才刚刚对荷西说了我爱你，她舍不得他走，她还要和他在一起一生一世。

这不是陈嗣庆夫妇第一次见女儿痛不欲生，他们了解女儿，知道女儿痛不欲生的后果，荷西下葬之后，便把她带回了台湾。

这一年是 1979 年。荷西 30 岁，两人结婚六年。

虽然和父母回了台湾，但三毛的心，在荷西下葬那一刻就已经死了。她不吃不喝，不见任何人，再一次把自己封锁在房间里。

陪父母回台湾，是情非得已，这些年在外漂泊，她欠父母太多，陪他们回来，就是尽子女的孝心。

她和她的父母谈话：“如果我选择了自己结束生命的这条路，你们也要想得明白，因为在我，那将是一个更幸福的归宿。”

她以为他们会理解她。这么多年来，她所做的许多事情，许多选择，无论对也好，错也罢，父母都选择了尊重和理解，他们懂她，以往懂她，这一次一定也懂她。

她没想到，这一次父亲听了她的话，神情大恸，怒斥她：“你讲这样无情的话，便是叫爸爸生活在地狱里，因为你今天既然已经说了出来，使我这个做父亲的人，日日要活在恐惧里，不晓得哪一天，我会突然失去我的女儿。如果你敢做出这样毁灭自己生命的事情，那么你便是我的仇人，我不但今生要与你为仇，我世世代代要与你为仇，因为是你，杀死了我最最心爱的女儿……”

这也是父亲第一次对她说这样严厉的话。父亲是真悲痛了，她不敢再说这个话题，却无时无刻不在心里思念荷西。思念像潮水一般，压得人窒息，三毛感觉自己喘不过气来，度日如年。

了解她这个想法的人，是琼瑶。写了许多爱情剧的琼瑶，深知这种痛彻心扉的爱恋是怎样撕心裂肺、折磨人心。她约三毛到家里做客，用了整整七个小时的时间，让三毛承诺不自杀。当着她说还不够，还要当着三毛的爸爸妈妈说。琼瑶的这一要求让三毛万分痛苦，三毛是一个注重承诺的人，承诺的事情，就一定要办到，她不知道她能撑到多久，但是既然答应了，她就要先撑下去。

从琼瑶家回来，按照允诺她告诉父母，自己绝不会自杀。但是，她也不想待在台湾。她的心本来就是流浪的，遇到荷西之后，做了短暂的停留，现在荷西已去，她还要流浪四方。父母深知她的为人，虽然万分不舍，也没再强留，把她送上了飞机。

这次她去了东南亚的几个国家，本来打算再到欧洲，后来因为太过思念荷西，还是去了荷西长眠的地方，也是最让她心痛的地方——

拉芭岛。

在拉芭岛，她穿着荷西最喜欢的那套波希米亚风格的彩裙，去了荷西长眠的墓园。这时，距三毛最后一次离开已经过去了几个月，荷西的墓长满了杂草，荒芜得不成样子，那块简易的十字架，立在墓前，也旧得像一块朽木。她当时亲手刻上的名字，已经认不出来了。看着这一切，三毛的心里掠过一阵凄凉，同时也掠过一丝心疼。她扑上去不断地说着对不起。她觉得是自己的远行，让墓荒凉至此。

她下山去买了油漆，重新涂写荷西的墓碑。那天，小镇上所有经过那座墓园的人，都能看见一个身着艳丽衣服的女子，在那儿一遍遍漆着墓碑。涂完，天已经黑了。她回到和荷西居住的大加那利群岛的房子。朋友知道她回来了，都过来看她，并邀请她去自己家里住。她一一谢绝了。她要自己守着荷西，另外，她感觉住在自己家里，痛苦会少一点。

然而，她错了，那个家有太多荷西的影子，荷西的记忆，使得她每个夜晚都会想起荷西，想起他们的点点滴滴，想得她非常痛苦，一次次问自己，为什么走的那个不是她？也一次次庆幸走的那个是荷西，由自己来承担这份刻骨铭心的痛，很好。

在她的书中，她这样描述了这份痛，她说：“感谢上天，今日活着的是我，痛着的也是我，如果叫荷西来忍受这漫长而孤寂的长夜，那我是万万不肯的，幸好这些都没有轮到他，要是他像我这样地活下去，那么我拼了命也要跟上帝争了回来换他。”

只是思念是噬心的，在家里住的时候，她睡不着觉，一个人坐到黎明。她感到自己马上要疯掉了，没多久就搬到附近山上的一个大山洞里去住。那是她和荷西一个朋友的山洞，荷西走了以后，有一次朋友们叫她去露营，住在这个山洞里便喜欢上了，觉得这是一个离群索居的好地方，就买了材料装修，之后搬了进来。在这里，她喜欢的沙漠在对岸，荷西的坟在附近的岛上，两个人的家在脚下，一切的一切，都能守护。

她在给朋友写信的时候报告了这个消息，也解释了搬到山洞住的原因。她说，旧房子里的一砖一瓦，都有荷西的痕迹，我不忍动，也不忍看。

在岛上，她做得最多的事情就是坐在荷西沉睡的墓园里，坐到黄昏。她越是这样，思念的巨齿越是啃噬着她，啃噬得她近乎疯了，她感觉自己要死掉了，可是自己明明答应父母，不结束自己的生命，她要信守自己的诺言，她决定回台湾。

1981 年，她回到了台湾，这一次，她决定在台湾定居。

这一年，距她背起行囊到西班牙，已经有十四年之久。这十四年间，只有和荷西在一起的几年，算得上安定，其他时间，都是在各个城市、各个国家间漂泊。风筝还有飘倦的时候，何况一个女子呢？

这次决定回国，是她真的累了，倦了。

第六章　悲情往事成追忆，泪洒成殇

回台湾的日子

三毛回台湾了。毋庸置疑，她这次回台湾，一样引起了不小的轰动。大家都知道，流浪十四年的女作家回来了。

台湾每年都会举办一个著名的电视新闻大奖——金钟奖。得知三毛回来的消息，金钟奖组委会第一时间向她发出邀请，请她做颁奖嘉宾。虽然回来了，但是三毛是带着伤痛回来的，心情一点没有平复，然而，巨大的信任与托付，让她找不出理由拒绝。但她心中藏了太多哀伤，回来的日子一直以泪洗面，参会的时候，嗓子是哑的。她操着沙哑的声音谈话、颁奖、致辞，却只说了一句：虽然我在外面流浪了十四年，但很想这个家，我的心没有一刻离开亲人。

是的，她说的是实情，这次回来，就是为了父母和亲人回来的，不然，她会终老在那个岛上。

回来了，还是想。对荷西的思念，像小虫一样噬咬着她，让她夜不能寐。为了排解这份思念，她开始用笔写与荷西在一起的故事。写她和荷西的相识、爱恋，写荷西的大胡子，写他们曾经的点点滴滴。上天夺走了荷西，她要用笔写一个荷西出来。

她写成了一本书，取名《背影》。写好后，把书稿交到了出版社，没憧憬马上出版，然而，平鑫涛看到书稿后，马上安排了出版，接着上市。因为他在这本书里看到了爱、泪和痛，他认为，这些刻骨的文字，一定会打动读者。他想对了，书一上市就引起了巨大的轰动，大家都被书中所描写的炽热爱情所打动，没多久就销售一空，需要加印。

但是于三毛，没有多大的改变，她依旧思念荷西，彻夜思念，以至于思念的夜不能寐，需要吃大量的安眠药才能睡一小会儿。为了对抗这份思念的煎熬，她更拼命写稿，用疲劳麻醉自己，手指都磨出了血。

1981 年 11 月，《联合报》有一个出版南美洲风土人情的计划，找到了她，资助她到南美洲旅行，回来写稿。旅行会让人忘掉一些烦恼，她答应了，也暂时从繁重的写稿任务中解脱出来，踏上了去往南美洲的旅程。

心是没有那样哀伤了，但是旅行劳神，她本来身子就弱，长途跋

涉，让柔弱的她吃了不少苦头，不过结果是满意的，经过大半年时间的行走，十八篇南美国家风土人情的精彩游记交到了出版社编辑的手里。这本书，三毛取名《万水千山走遍》。是的，走遍，这半年，她马不停蹄走了十几个国家，差不多踏遍了大半个南美洲。同样，这本书的出版又掀起了一股热潮，大家都知道了有一个女子从沙漠走来，走遍了大半个南美，都羡慕她的敢走敢做。

这份宠爱，三毛受宠若惊，同样也身怀感恩。为了回馈大众对她的渴求和喜爱，她决定进行环岛演讲，给大家讲远方的故事。演讲的场所都定在了校园，她要让这些埋头书本的孩子认识一下外面的世界，修一颗不断学习、不断追求的心。

三毛的名字早已经在学生们的心中扎下了根。学生们爱她的浪漫爱情，爱她浪迹天涯的潇洒，更爱她的传奇经历，她每到一处，都受到极大的欢迎，盛况空前。这让她更加感到自己责任重大，更想为这些孩子们做些什么。这时，她接到了明道文艺社社长的邀请，让她给明道中学的学生们写些东西。明道中学是中国台湾最著名的中学，是中国台湾的希望，又是社长亲自邀约，她答应下来，她正好想跟这些和自己当年差不多大的孩子说点什么。自己当年就是这么大年纪的时候，离开学校的，她对这样大的孩子有太多的话要说。

三毛在《明道文艺》出了一个专栏——三毛信箱。类似编读往

来，读者以信件的形式向她倾诉困惑和迷茫，她再以书信的形式回复，给大家指点迷津、答疑解惑。一个著名女作家摇身一变，变成了知心姐姐，给身处迷茫、不知道路在何方的人答疑解惑。

三毛的文风朴实自然，为人热忱善良，说道理又深入浅出，绝不居高临下，深得大家的喜爱，找她倾诉衷肠的人越来越多，为了不辜负这份厚爱，她除了在报刊回复外，还手动回复，给自己增加了不少工作。但她却乐此不疲。这样忙碌可以暂时让她忘了伤痛，忘了荷西。

她既忙得忘乎所以，又甘之如饴。这时，她的母校文化大学又向她伸出了橄榄枝，邀请她到学校教授散文和小说写作。

文化大学是她人生的转折点，也是人生的启航站。再忙她也要去，这是她回馈和报答母校的机会。她答应了邀约，搬到了学校所在的阳明山。

这算是她第三次上阳明山，第一次是求学，第二次是教德语。这次，她又来了。经历了人生的大风大浪，历尽了沧桑，她早已不是当年那个懵懵懂懂的女孩了，把爱，把一切都看得很淡，不再想管尘世那些纷纷扰扰，只想安静地向学，教书。

她认真备课，认真撰写教案，认真给学生写点评，一丝不苟。而她的评语，却又不似老师的咄咄逼人、居高临下，而是温暖如风、春风化雨，让你既意识到不足，又能感受到力量，把她那份善良和大爱都融入到点评的文字里，给学生足够的尊重，不像老师，更像朋友，深得学生喜爱。

点评这样，讲课更是这样，三毛口才极佳，讲课的时候，把自己的人生经历、写作经验都融入里面，旁征博引，深入浅出，语言又生动有趣，妙趣横生，学生们总是听得意犹未尽，下课都不忍离去。

凭借这两点，她的课非常受欢迎，而她也乐于接受这份“受欢迎”，几乎所有时间都和学生们在一起，师生打成一片。

三毛一生最喜欢读的书是《红楼梦》和《水浒传》，出于对学生的爱，她把这两本书介绍给学生，并深入讲解，让他们感受到中华文化的魅力。她还要把更多知识传授给他们，文化和知识对于一个人来说太重要了。但是，孩子们年岁小，不懂，她急，身为人师，她想把自己所学都传授给这些可爱的孩子们。但是需要传授得太多，她不得不白天讲课，晚上批作业，查找资料，伏案写作。她的身体本来就不好，没白没黑地工作让她的身体超负荷运转，不到一年就病倒了。

病了自然要治疗。但她新疾勾旧病，简单的治疗已经没有作用，她决定暂时停止教学，到美国治疗。她去了美国的西雅图，这里有最好的疗养院。医生听了她的陈述，只给了她一个建议：不读书，不写

字，不用脑，静养。

她是累的。教学、写作都是费脑的事，她又用得那样疯狂，大脑超过了负荷，累病了。累就要养，没别的办法。

只是这几样，每一样都让她无法割舍啊，但为了健康，为了以后还能教书、写作，她也只好照办，在房间里，不读书、不写作，只看电视消磨时间。然而，对于工作惯了的三毛来说，又怎么能受得了呢？她忍耐了几个月之后，实在忍耐不下去了，收拾行囊回了台湾。

这次回来，她没有再到文化大学继续任教，而是转变了思路，专门以读书写作为生活重心。不教书了，自然不能住在学校里，她也从阳明山上重新搬回了父母家。

家还是她以前生活过的那个家，可是不知怎么回事，这次回来她多了一种惶恐，感觉自己像是一个入侵者，闯进了父母家，打扰了父母的生活。不再争抢着做家务，不在父母的房间和客厅过多停留，只有晚上夜深人静，大家都睡了时，才一个人坐在客厅里发呆。

她也不知道自己为什么会这样，只觉得是自己打扰了父母。那份深深的内疚是会噬心的。没多久，一个朋友卖房子，她很心仪，果断买下来搬了出去。为了不让父母过于失落，她吃饭依旧在父母家里吃，晚上回到自己的房子里住，她感觉住在属于自己的房子里才踏实。

这时候，滚石唱片公司进行组合，要发行唱片。三毛的文字魅力和笔下所描述的故事，早已经被滚石唱片公司的负责人知晓，他产生了一个念头：把三毛这些故事用歌曲的方式表达出来。写成书有读者，写成歌更应该有听众。

他找到三毛，请求她写歌，不需要写得多华丽，只需要她讲故事，把那些带泪的故事讲出来。这是一个新的尝试，从来没有人把故事写成歌。然而，三毛就喜欢挑战。她接受了邀请，埋头创作。

然而，很多时候，事情远没有想象那样美好，从来没有遭遇过退稿，写出的稿件全部变成钱的才女三毛这次就遭遇到了滑铁卢：她兴冲冲写好的歌全部被打了回来。这让她异常沮丧，但沮丧不等于消沉，她生性坚强，马上调整好状态，重新写，反反复复磨合了好久，写了 11 首歌，从那个自闭的少女，写到她的初恋，写到她的孀居，写了她半生时光，命名为《回声》。1985 年《回声》发行，像以往出版的书籍一样，一发行就得到了大众的认可，更多的人通过声音知道了她的故事，知道了她。

他们叫她三毛，传奇的三毛。

是的，传奇。她是一个创造奇迹的女子，一直都在创造传奇，曾经远赴非洲是一个传奇，游走世界是一个传奇，现在又创造一个传奇，把故事写成歌，这在音乐史上是第一次，三毛和滚石唱片公司开

启了“传记音乐”的先河。

虽然写的时候出现波折，但也算首战告捷，三毛愈战愈勇，开始撰写剧本，为她的人生又开了另一扇门。

神父丁松青

三毛的一生，有很多男性朋友，但丁松青，是特别的一个。

丁松青是一个神父，美国人，小时候就有一个当修士的理想，之后远渡重洋来到台湾一个叫作兰屿的地方，先是做修士，之后又做了神父。

三毛与丁松青相识于 1972 年。那年三毛第一次从西班牙回国，和友人到兰屿去旅行，在一座小山上看见一个小教堂。对什么都好奇的三毛想进去看看，无奈大门被一把锁挂住，进不去，三毛只能扒着门缝儿往里看。这一看不打紧，在教堂的墙壁上她看见了身穿民族服装的兰屿人像。三毛的一生，对艺术有着异常狂热的喜爱，看到人像惊喜不已，摘下门上的锁，头也不回地说："我们悄悄想办法看看里面的画。"她没有听到朋友的回音，一回头，却看见一个英俊的修士

站在身后。

这个人就是丁松青。看见他三毛就知道发生了什么，对自己被捉了个现形羞愧不已。修士却异常慷慨，不仅没有刁难，还大度地摘下锁请两人进去参观。教堂很小，甚至有些破旧，但也没让三毛失望，在简陋的墙壁上画着很多兰屿人像，各个都色彩艳丽，栩栩如生。三毛看得痴了。

除了墙上的人像，教堂的窗子边还摆着一架破旧的风琴，风琴上放着一些线条幼稚的图画，像是出自孩子的手笔。

三毛经过允许弹了弹风琴，风琴是半哑的，音色不是很好，她便不再弹，转身去看那些笔法稚嫩的画。这些画虽稚嫩，却灵动，露着孩子的天真。三毛拿着画，看得发痴。修士看了，向三毛做自我介绍。他告诉三毛，自己是美国人，在这里已经生活一年多，空闲的时间会给山下的孩子上课，那些孩子就会画一些画给自己当礼物。

说完不再说话，静静地走到一边去，生怕打扰了三毛看画。这时，教堂的门却开了，许多年轻的孩子跑进来，把修士围在中间。修士把手放在孩子们的头上轻轻抚摸，满眼慈爱。修士的眼神，让三毛周身一暖，在心里断定他是一个好人。自己还与对方不熟，就贸然闯入，已经很不礼貌，再在这里待下去，恐怕耽误修士做事，便起身告辞。两人是随团而来，还有许多游玩的项目等着自己。

修士也没多留她们。毕竟这里简陋，一眼望穿，也没有留的意义。

三毛他们下山后才发现，已经到了饭点，等待自己的不是游玩项目，而是一顿丰盛的餐饭。

兰屿是游客之岛，现在是旅游淡季，客人寥寥，老板餐饭准备得异常丰盛，有四菜一汤。这样的标配，让节俭惯了的三毛觉得过于铺张，跑到山上去请丁修士下来一同用餐。修士不肯，两个人又把餐饭端到了教堂。那群孩子还在那里。修士还是没有吃，而是把一整条鱼均匀地分给了身边的孩子。三毛的心跟着暖了一下，这个人也太善良了。

这时她才知道丁修士全名叫丁松青，小时候就有当修士的梦想，之后辗转来到台湾。知道这些的那一刻，三毛的心莫名颤了一下，世上还真有为了梦想而远走的人，那么，自己当年为了沙漠，远走北非，也不算特立独行。她的心，和丁松青靠近了几分，下山后特意买了一些水果送上来。

因为遭遇台风，三毛在岛上待了七天，这七天里，三毛每天都到丁修士的教堂，她觉得和丁松青有说不完的话题。丁修士好像也是，每次都同她相谈甚欢，经过几次相处，两个人就成了一对相交许久的

老友。只是这对老友，不久就分别了。从兰屿回来之后，三毛再度启程去了西班牙，丁神父也启程去了神学院读书。两人就像两个擦肩而过的过客，再也没了联系。

一分就是将近十年。1981年三毛回国，收到一份手稿，手稿的封面上写着丁松青，还写着书名——《兰屿之歌》，随着手稿寄来的是几张照片和一封信。信只有简单的几行字：请三毛帮助翻译成中文。看到信、照片和丁松青三个字，三毛记忆的闸门一下子打开，那年的小教堂、兰屿人像，还有修士一下子闯了进来，她决定翻译这本书。

三毛不知道，这时的修士早已经不是当年那个修士，而成了一名神父了，并且也不在兰屿那个小岛，而去了新竹清泉，在那里做神父。

这本书三毛译得很慢，用了大约半年的时间，译好之后，她鼎力推荐到出版社。有了三毛的力挺，事情进行得相当顺利，出版社很快派人和她一起去与丁神父联系。

两个人见面的地点依旧是丁神父的教堂。不过不同于当年的那个教堂，这座教堂要比当年闯进去的那个教堂大很多，宽敞明亮，教堂外不远处还有一条小河和一座吊桥。懂三毛的丁神父，当然知道三毛更喜爱大自然，把她带到了教堂不远处的吊桥上。河不宽，桥不长，但环境清幽，异常凉爽。两个人坐在桥上，看着不远处山脚下的一座小房子。本来是一座再寻常不过、不起眼的小房子，三毛却突然有种亲切的感觉。

她问丁松青：“那是哪？”

丁松青告诉她是国民小学。听到小学两个字，三毛的目光温柔起来，望了一会儿，说：“我要是不走，正好去那里教书。”

“还打算走吗？”丁神父问三毛。

三毛点点头。她已经接了出版社的邀请了，过一阵子要去南美洲。即使没有这份邀约，她也要走。这些年的游走，她已经习惯了，相反，在哪个地方待长久了都会觉得不自在，觉得哪里都不是家。

走啊走，自己已经在外漂泊十五年了。她不由得有些伤感，悠悠地说：“我已经离家十五年了。”

“我十七年。”神父看着她说。

一丝震颤在三毛心头飘过。都是流浪的心，十七年，是何等的热爱，让一个人跑到这里坚守？十七年，对于他来说，家的意义是什么呢？也和自己一样，家只是一个符号，一个名词？

三毛忍不住问了丁松青，家里还有什么人。丁松青告诉她，还有母亲，现在一个人生活。他还说，自己走了以后，已经十七年没有回

家了。

一样为心中的梦来赴约，一样被浓浓的乡愁所牵绊，怪不得见了面就有种说不出的亲切。

那天下午，两个人再没多说话，只是静静地坐在桥上看脚下的流水，看远处的山谷，看那所国民小学的房子，回到教堂看丁松青画的壁画。但两个人的心却是相通的，都感受到了彼此的那份孤寂。

这份感受，两人十年前相处时就感受到了，这次更强烈。

“我去墨西哥，路过圣地亚哥，要不要去看一下你妈妈？”临走时，三毛问丁松青。丁松青谢过她，给了他妈妈的地址。

三毛的心，在接过地址那一刻被软软地触动了一下，没有哪个游子是不想家的。

两个人约好南美洲回来再见。但是三毛是漂泊的，从南美洲回来之后又转去了法国等其他地方，虽然心里记着这个承诺，却没有准时出现在清泉。

这时丁松青又写了书稿《清泉的故事》，没等来三毛，就寄了过去。这本书写的是丁松青在清泉生活的故事，顺便还穿插了他童年的一些事，在清晰真挚的文字中，三毛读到了丁松青对清泉的爱，也读出了一个传教人的心路历程，她的心被深深震撼了，觉得丁松青的文字，也是在写她，那份喜爱，那份决绝，那份执着都是她内心真实的表达。她提笔给丁松青写了一封信：我终于知道为什么我会觉得与你如此亲近了，我们的灵魂是如此相像。

信发出这一刻，她就知道自己已经把丁松青当作最推心置腹的朋友了。回国后，她去了清泉，去看丁松青。

丁松青真的是她的知己，了解她，理解她，知道她想要的是什么。三毛去看望丁松青的时候，在教堂对面的山上发现一座破旧的红砖房，丁松青从她欣喜的表情里知道她对房子异常喜爱，建议她买下来。这个建议让三毛心下一喜，她最喜欢的童话是《小王子》，她最喜欢的片段是小狐狸每天定时来看小王子，最想的就是有一个小王子一样的房子。虽然知道自己并不会有多少机会过来住，却也同意了丁松青的建议，联系主人租了下来，并投去了极大的热情去装饰，变成她的梦中之家，有空的时候，就过去小住。

开始的时候，三毛是不喜欢清泉的。她以为自己经历了一些劫难，对什么都失去了兴致，但是在清泉小住几天之后，她的悲悯、善良、热情与责任都被激发了出来，经常因为不能多为清泉做些什么而心碎。

自然，是丁松青带她来的清泉，是丁松青激活了她。丁松青是她

的知己，他懂她，才让她买了小房子，住下来，然后爱上清泉。

因为这份知己，这份明白，这份懂得，三毛离开清泉后一直和丁松青保持着通信联系，她把丁松青当成知心老友，当成蓝颜知己，向他敞开心扉。这种敞开心扉，不是男女之爱，而是心灵的契合相通。三毛把丁松青当作神父。丁松青是牧羊人，她是羊。

1984 年，丁松青又交给三毛一部书稿《刹那时光》。没有多余言语，三毛着手翻译。这部书三毛翻译得更加辛苦。当时她的母亲患了癌症，住在医院。三毛为了陪母亲，把书稿拿到医院翻译，后来她因为身体原因去美国治病，翻译中断，回国后才捡起来重新翻译，断断续续翻译了一年之久。

但是，这却让三毛收获到了无与伦比的快乐。她在《刹那时光》的序言中写：感谢巴瑞小丁神父，因为他，在工作上又给了我一个机会做了全然的投入和狂热。由于这本可贵的书，我再一次得到了一生的教诲和省视。

表面上看是她为丁松青翻译了一本书，但是于她，更像是一次心灵的洗涤，她发现，在这个世界上，自己还有很多的事情要做。

三毛翻译的这三本书，《兰屿之歌》《清泉的故事》在 1982 年出版，《刹那时光》稍晚些，也在 1986 年由皇冠出版社出版。她和丁松青的友谊，却没有因为书稿工作的终止而终结，1989 年，三毛还带着家人同丁神父喝茶。

如果没有三毛的猝然离开，他们还会继续交往下去。

和父亲的战争

父母和孩子之间，都是一场战争。

三毛父母爱三毛，爱得牵肠挂肚，真挚热烈，三毛也深深爱着父母，但是也像大多数家庭一样，他们之间也上演着一场战争。

三毛对母亲始终挚爱着，小时候就为别人评说母亲而掀桌抗议，长大了，为母亲终日守在厨房里而难过，为母亲操持家务，贡献一生而心痛，为母亲千里迢迢给她寄去食物而感动。在三毛的心中，母亲是自己永远感激、永远亏欠的人，她们之间没有战争。

这场战争的主角是父亲。这场战争最激烈的时段是三毛回台湾定居后。

写作，谈心，让三毛获得大量读者。但是父亲却从来不看她的书。家里其他人也不看她的书，虽然母亲不读，但是母亲会把她的书送给亲戚朋友，以表达自己心中的那份惊喜；姐姐不读，姐姐也会把书送给自己的朋友、同事，班上的孩子；小侄女不读，会把书送给她的同学，好朋友。她们都为拥有她而骄傲，而父亲，只有父亲，不仅不读，还对她发表在报纸上的文章千挑万责。

《梦里不知身是客》是她非常喜欢的一篇文章，写的是她的亲身经历，她拿给父亲看，父亲没说好，也没说不好，只说和以前有些不同。《你是我特别的天使》是她喜欢的另一篇文章，她觉得在结构上和剪裁上都有很大的进步，兴冲冲地拿给父亲看，父亲说写得不好。《野火烧不尽》是她换了一种手法写的，自认为有很大突破，父亲却说她写的不通人情，早晚会没有朋友。

外面的万千赞美，抵不住家人的一句否定。万千读者不重要，光环不重要，父亲的种种否定，让她小时候那种不被认可、不被肯定的感觉又回来了，让她感觉现在所拥有的一切都不真实，她不知道公众对自己的认可是真的吗？都说自己好，好到什么程度。

这种不真实，让她拼命想获得一种认同感。于是写了稿子就拿给父亲看。然而，陪伴了三毛半生的父亲，这时候却没有理解三毛的用意，而是依旧以一个中国人的谦虚，和一个中国父亲的严厉来要求女儿，还是说不满意。三毛的心，在父亲一次次的话语里，感到深深的挫败。

1981年她接受《联合报》的邀请去南美洲旅行，回来之后又做了环岛演讲。在谈到她父亲的时候，她说："他挑剔我胜于编辑先生。"还说："这一生，丈夫欣赏我，朋友欣赏我，手足欣赏我，都解不开我心里那个死结，因为我的父亲对我没有信心。"后来，她和父亲和好后，她给父亲写了一封信，在信里，她深情地写道：爸爸，对我来说，一生的悲哀，并不是要赚得全世界，而是要请你欣赏我。

句句垂泪，字字滴血，字字句句都在诉说："爸爸，说一句我很好，说一句欣赏我。"

然而，欣赏这件事，纵使是女儿，也没有办法向父亲张口讨要，何况三毛这样一个内心刚毅的女子，她更不会这样去做，只是拼命让自己好，让自己努力。她写稿，连写七天，不吃不喝，连写三个月不出门。开始的时候，她住在父母家，后来怕自己写稿打扰到父母休息，就搬到不远处父母的一栋小公寓里，吃饭时在父母家，工作时在自己家，工作近乎疯狂的时候，连续待在家里不出来，母亲就把饭给她送过去，很多时候，她都不吃，而是拼命写。最厉害的时候，她同时接四本书。

然而，父亲就是吝啬，三毛这样努力，却不曾给过她一丝赞美，荷西离开的伤，在她的心上划了一条巨大的口子，父亲的态度，让她这道口子，更深更痛。

虽然心下不满，但她从来没与父亲发生过争执，而是把这种不满藏在心底，拼命做事，拼命要得到父亲心甘情愿的认可。

然而，此时的陈嗣庆就是那么不懂变通，就是那么不懂女儿。一次全家人在一起吃饭的时候，他不知怎么想起三毛一篇刊登在日报上的文章，说这一篇文章根本看不懂，不知道写的是什么。

也许是压抑得太久了，也许是等待父亲认可等待得太久了，三毛悲愤地说："看不懂就不要看！"

三毛对待家人，一直是谦和恭顺的，这样的出言顶撞还从来没有过。三毛说完，全家人都愣了。父亲是第一个反应过来的人，他说："你就是太任性了！"三毛听完不再说话，只是拼命喝酒，喝完一个人走了出去。那天她走到很晚，直到午夜才回来。回来之后，也没像以往那样对父母打招呼，而是径直走进自己的房间。母亲缪进兰不放心地跟过去看，她只说了一句话："以后再不写作了。"

父亲的话，把她伤着了。

她说不写了，不代表就真不写了，而且她也不能真的不写了，写作能让她忙碌起来，而忙碌会少一点儿时间让她去想荷西。

她还是要写作，只是不想和父亲住在一起了，没几天，她就从父母家搬了出去。

盼了这么多年，好不容易把她盼到回家来住，才住没多久又搬了

出去，作为母亲，缪进兰的心非常痛，每天都到三毛的公寓去看她，给她送饭。

三毛对母亲的亏欠感又强烈地奔涌上来，年少时不懂事也就罢了，如今这般年岁了，怎么还让母亲这样辛苦操劳？搬出来没多久，她又搬了回去。但是搬回去，却和父亲更加疏离，不和父亲当面交谈，有事就写纸条，轻轻地从门缝儿塞进父母房间。

然而，世界上的事，就是那么奇妙，你拼命争夺的时候，可能把你伤得体无完肤，你若放了手，可能给你意想不到的惊喜。

三毛与她父亲此时的关系就是，她依旧写稿，但是不再给父亲看，更不奢望得到他的褒奖。一天，她睡到日上三竿起床，在门口发现一封信。信是父亲写的，信中写道：妹妹，你这篇《朝阳为谁升起》，是近年来你写出的最好的一篇文章，写出了生命的真正意义，不说教，但不知不觉中说了一个大教。谦卑中显出了深刻的意义。我读后深为感动，深为有这样一株小草而骄傲。不是为我自己，而是为整个宇宙的生命，感觉有了曙光和朝阳。草，虽烧不尽，但仍应呵护，不要践踏。

《朝阳为谁升起》是三毛新近的一篇散文，写的是中国台湾彰化生命线的故事。

父亲的这封信很短，只有一段，百十字。但三毛反反复复看了好几遍，看着看着眼泪就从眼角流了下来，流了满脸。就像荷西等她说那句“我爱你”等了好多年一样，她等这句话，等这句肯定也等了好多年。她等得好辛苦啊。等到这句肯定，她忽然不知道自己该干什么了，甚至都有一种死而无憾的感觉。

可这仅仅是一句话而已啊！

一句话就能让人泪流满面，只能说这句话她等得太久，太辛苦。辛苦得三毛在回复父亲的信中写道：爸爸，你认同了女儿，我却百感交集，不知道接下去还要做什么，很想大哭一场。

写完这封信，三毛真的哭了，趴在她房间的床上，痛痛快快地大哭了一场。哭得泪水滂沱，酣畅淋漓。把这么多年的痛苦和委屈，坚韧和不甘都痛痛快快哭了出来。

这场哭，她同样等待太久了。她等待父亲认可多久，这场痛哭就等待多久。就如她文章所说：我一生的悲哀，并不是要赚得整个世界，而是要请你——我的父亲，说出一句欣赏我的话。等你一句话，我等了一生一世。只等你，我的父亲，亲口说出来，扫去我在这个家庭里一辈子消除不掉的自卑和心虚。

随着这场哭声的结束，她和父亲的战争也结束了。

了断

三毛和荷西在大加那利群岛有一套房产。荷西去世，三毛回台湾之后再来马德里的时候，到达了荷西的家，那个三毛很早就熟悉的家。在这个家里，三毛受到了热情的接待，但在接风的宴席上，也心痛欲死。荷西的爸爸妈妈，姐姐姐夫，这些荷西心心念念的家人，问她怎样处置岛上那套房子。

荷西没有遗言，没留下关于那套房子一丝半缕的话语，所以在西班牙的法律上，这套房子，她的家人拥有绝对的继承权。三毛也知道这些，但是荷西新逝，尸骨未寒，不是霸占，她不想这样残忍地提这套房子，她以为荷西的至亲，也不会那样狠心提这套房子。然而，她想多了，先是婆婆问那套房子怎样归属，再是姐夫让她马上做个了断，最后是公公一声断喝："荷西的东西都是我的。"他们让她知道，房子已是不得不面对的事实。她的心碎了。

她没有说话，她没有办法给答案。房子是她和荷西的，她还要住，荷西就葬在房子对面的岛，她还要守着荷西。可能婆婆意识到自己家人过于急切，便转移话题，告诉她，房子可以永久住，但是要卖掉务必通知他们。这看似为她考量，但是三毛心里也不舒服，这个家一刻也不想待下去，订机票回了大加那利。

睹物思人，看着房里的一切，三毛的眼前总是徘徊着荷西的身影，让她夜不能寐，原本她睡眠就不好，如此精神更是憔悴，恰逢母亲生病，要她回去，她便长门深锁回了台湾。

这一回，就是数年。

这些年，眼见父母的衰弱，她的心弦一次次被拨动，是陪荷西还是陪父母？陪荷西，就要到遥远的大加那利群岛，就会远离父母。父母倒是可以随她去，可是父母逐渐衰老，她又不忍心让父母晚年背井离乡。想来想去，只有陪父母了，荷西已经住在她心里了，彼此相融，陪父母一样能想荷西。所以她决定把大加那利群岛的房子卖了。

1987 年，她回到大加那利群岛。她来卖房子，顺便和大加那利群岛，和非洲做一个了断。

房子依旧还是那个房子，家已经不是那个家了，房子的墙上还贴着荷西的照片，但照片上的人再也不能和她说话了。

朋友们听说她要卖房子，心痛不已，却也无能为力。按照当时的市价，房子可以卖到一千万元，她却只定到了600万，因为她答应了母亲，9月就要处理好一切事宜回到台湾去。现在离9月只有一个半月的时间。她不关心房子卖出多少钱，只关心怎样能早一点回到父母身边。

定好之后第二天一早，她就到报社刊载了广告。朋友知道她开出那么低的价格，告诉她至少少卖了一半的价格，她含笑不语。钱，在她的生命里，从来都不是重要的。

低价更容易吸引人的注意。广告没发出去多久，她就接到一位太太的咨询电话，说要来看房子。她大喜过望，心想马上就可以回台湾了。谁知看到那位太太的一瞬间，她一下子失望了，这位太太穿得珠光宝气，又对房子指指点点，并说自己的丈夫是一位建筑师，自己是看中了这个房子的地皮，买好后都需要推倒重建的。房子易主可以，拆掉，她接受不了。并且这位太太还有趁火打劫的想法，在本来够便宜的价钱上大砍，开出400万的价格，三毛没有犹豫就把她请了出去。

这样的买家，宁可不卖。

那之后，三毛又断断续续接待了几个看房的客人，有刚毕业的大学生，有全职太太，但都没有符合心意的。只有一位太太，一进门就夸房子千好万好，说这个房间可以给老公做书房，那个房间可以给孩子做卧室，安排得井井有条，看样子相当满意。她也很满意，可没满意几分钟这位太太的丈夫进来了，频频向她致歉，说自己的妻子有病，总是四处看房，家里并没有买房的预算，然后把他太太拉走了。但是三毛并没有感到失落，反而觉得，卖房子也是一件很有意思的事。她有点期待多来点有趣的买主了。

这时候，时间已经到了晚上，忙了一下午，接待了好几拨客人，房子也没有卖出去。三毛躺在沙发上，回想在这个家中的点点滴滴。突然传来一阵敲门声，一对彬彬有礼的夫妇站在门口。

“家里是需要卖房子吗？”来人开口就问。

“卖，卖！”

三毛一边答应，一边在心里纳闷：自己在广告中并没有说家庭住址，只是留了个号码，这两个人没打电话，自己也不认识，是怎么找过来的呢?

来人也看出了三毛的疑惑，其中的丈夫告诉她，自己是邮局的职员，并且问她记不记得有一次邮局为了她的信件，停止营业十五分钟的事。

男人这样一问，三毛想起来，荷西出事后她从台湾返回来的时候，曾经接了整整三大包的信。她的小车，怎么也没办法把这三包

的信都装到里面去。看她急不可耐的样子，邮局局长下令停业十五分钟，所有的职员帮助她挑信，扔掉杂志样刊，扔掉不重要的信件，十五个人整整花了十五分钟，才帮她筛选出一袋子信装进车里。

停业帮她挑信，这件事她怎么能忘了呢。她热情地邀请他们到屋里坐。在客厅男人告诉她，自己叫璜，当时也是挑选信件的一员。男人这样一说，瞬间增进了三毛对他的好感，加上他们两人彬彬有礼的举止和对房子的欣赏，她就知道，这套房子是他们的了。

这房子三毛在广告上要价六百万，但知道两人刚结婚三年，手里只有五百八十万的时候，义无反顾地把房价降到了五百六十万，说那二十万留着他们装修用。不过这样大的优惠力度，三毛有一个条件，等她走了才可以搬到房子里来，她还有点事要处理。

相对于买下心仪的房子，这当然不是问题了，两个人欣然答应了她，并高兴离去。

房间里经过短暂的喧闹，又一次安静下来。三毛从墙上取下荷西的照片，又一个角落一个角落地查看，最后在厨房里把每一个刀叉、每一个杯子都清洗干净，把房间的每一处角落，都打扫得纤尘不染，之后才躺在房子的地板上，一点点数着星星、看着外面的天空发呆。

最后的几天，她把朋友们叫来，把自己几大书架的书，满柜的衣服鞋子，自己收集的大大小小的玩意，都送给了他们。之后坐上了飞机，别了非洲，别了大加那利群岛，别了荷西，飞回千山万水外的台湾。

彻底地回去了。

临走前，她坐在最喜欢的椅子上给远在清泉的丁松青神父写了一封信。信写得很长，写得推心置腹，其中有一段这样的文字：你知道将这间房子所有的东西都送给朋友，我有多欢喜吗？就好像某种仪式，就是告诉我，自己在这个世界上，再没有什么事情，什么地方让我牵挂了。

了愿

在三毛的心中，她有一个故乡在浙江，她有一个童年的家乡在重庆，还有一个祖国叫中国。

她爱国，爱得情不自禁，爱得爱憎分明。不过在她心中，始终有一个遗憾，那就是不能到大陆探亲，不能重新走一下童年走过的街道，不能亲眼看一下祖父打拼过的地方，创下的家业，不能拜祭一下祖先。

她把这份乡愁写进了歌里，她写：我的故乡在哪里？我的故乡在远方，为什么流浪，流浪远方。

同时她也把这份乡愁，写进文章里。在《逍遥七岛游》中，她这样写道：这样的怅然，使我更加温柔地注视着这片杏花春雨，在我们中国的江南，大概也是这样的吧。

这样喜欢，这样爱，爱得让人有些心疼。但心疼也没办法，两岸不通航，虽然隔着一湾水，但比非洲的万水千山还要远，还难逾越。三毛只好把这份爱深埋在心底。

1987 年台湾放开政策，允许民众到大陆探亲。得到这个消息，三毛高兴得睡不着觉，她告诉父亲，自己要回大陆探亲。对于她的爱乡之情，父亲理解，更欣慰，但考虑到时机不太成熟，让她缓缓再去。这一缓就是两年，1989 年，三毛才踏上大陆的土地。

踏上故乡土地的三毛，没有直奔浙江，而是先到了上海，去见她生命中一个重要的人，《三毛流浪记》的作者张乐平，正是他的《三毛流浪记》让三毛爱上了读书，爱上了文学，《三毛流浪记》算她的启蒙，作者更是。

在三毛的生命中，除了给自己生命的父母之外，还有一个重要的人，就是张乐平。张乐平创作了一个只有三根头发的三毛，她也叫三毛，在她心里，张乐平是她的又一个爸爸。小时候她就想见一见这个“爸爸”，只是没有机缘，后来她长大了，辗转联系上张乐平，给他写信，告诉他，自己是因为他的漫画取了一个三毛的笔名，是他的漫画，给了自己一个多彩的童年，自己万分感激。之后，两人通信不断，一直以父女相称，见一下爸爸也是她多年的心愿。

一进门，三毛就跪在地上给张乐平夫妇磕头，叫爸爸妈妈，没有

扭捏没有隔阂，让张乐平喜不自禁。张乐平把一套中山装交到了三毛的手上。这是他为三毛准备的礼物，一次，三毛在信中说，想要一套中山装，张乐平便记在了心上，到街上去买。当时国内已经没有人穿中山装了，张乐平找了很久也没有找到，最后他的大儿媳出了个主意，买了一块面料做了一套中山装，才为三毛备下了这份礼物。这个礼物让三毛喜出望外，在镜子前照来照去，喜欢得不得了。

时间紧迫，三毛只在张家住了四天，这四天，三毛把自己真正变成张家的孩子，肆无忌惮地睡到中午起床，和龙华寺小姑娘跳皮筋，和妈妈讲在西班牙的心酸往事，讲自己写作的时候七天七夜没合眼的艰辛，率真而坦诚。因为这份率真，这份坦诚，张乐平很快爱上了这个从天而降的女儿。觉得这个女儿就像自己笔下的三毛，乐观、倔强、多情而又有正义感，有时又显出几分孩子气。

天下没有不散的宴席，四天后，三毛与张家人别离。分别的时候，无论三毛还是张乐平家人，都依依不舍。作为礼物，三毛更把自己新出版的书《我的宝贝》送给了张乐平。

三毛这次回大陆主要是探亲的，她的下一站行程是舟山，她寻找千百度的故乡。

近乡情怯，在心里盼望很多年回故乡，真要去故乡，她的心却突然紧张起来，作为舒缓，她临时改变了行程，先去了苏州周庄。苏州虽然和她没有游子的牵连，也是她在海外怀想的江南。

到周庄，正是四月，繁华缀目，草长莺飞。在一片茂密的油菜花田里，三毛忍了又忍的眼泪，终于流了出来。她在心里说，杏花烟雨的江南，我回来了。

苏州只是周转，她没有做过多的停留，平静好情绪后，直接向杭州进发，去见她半生心心念念的故乡——浙江定海小沙乡。

台湾著名女作家三毛回乡省亲，是一件非常大的事情，很多人簇拥在码头，等着一睹著名女作家的芳容。三毛走下船，就被这些热情的人围拢。三毛的目光，却掠过这些人，在人群中搜寻，她在找倪竹青。小时候，因为弄坏了父亲的笔洗，她被罚站，是做父亲账房的倪竹青为她解的围。陈嗣庆一家去台湾后，倪竹青就回了浙江，两家人断了音信，两岸可以通信后，三毛费了一番周折才联系上了，并一直保持着通信往来。家乡，倪竹青算是她的熟人。

倪竹青何尝不想见她呢。为此他早早就等在了码头，三毛从船上走下来，他马上就认了出来，轻轻地唤“平平”。三毛正在寻找，听到喊声，马上飞奔过去，给他一个大大的拥抱。她说，你小时候抱我，我要还给你。

拥抱完倪叔叔，三毛去了堂伯母家。堂伯母是三毛在大陆的最高

长辈。到了堂伯母家，三毛恭恭敬敬磕了三个头，却没有久坐，而是像一阵风一样，直接刮到了小沙乡陈家村。

舟山小沙乡陈家村是一个小渔村，面海而居，是三毛真正的故乡。当年她的祖父陈宗绪就是从这个小渔村起步，一步步走到上海，走到南京，给陈家打下江山的。三毛一直心心念念着的故乡，就是这里。这里和台湾仅隔着一条海峡，三毛回来却用了四十年。

回乡当然要看看老宅。三毛先去了祖父的故居。这是一栋规模很大的青砖老宅，虽然许久无人居住，可是透过陈设也能看见昨日的辉煌。打开尘封的院门，踏在碎石小路上，三毛的眼泪就没有停下来过，她抚摸着每一块青砖，不愿移开手掌，一次次问自己，这就是祖父的家吗？这就是父亲小时候玩耍过的家，这就是自己心心念念的家吗？问了是不需要回答的，她知道，这就是自己想念了四十年，想回了四十年的家。

祠堂中已经摆好香案，三毛来到香案前点燃了六炷香，祭了天地，又在祖先的排位前跪下，恭恭敬敬行了三拜九叩的大礼。边行边在心里说：列祖列宗，陈家在台湾的那一支回来了。虽然从来没见过祖父，但祖父陈宗绪却一直是三毛的偶像，三毛曾经自认，骨子里那份顽强和坚韧不拔，就是来自祖父。

三毛的祖父陈宗绪，是家乡的善人，在外面打拼回来之后，办起了学堂，教授孩子们读书，深受乡邻爱戴。出于对他的敬仰与尊崇缅怀，虽然他过世数载，当地政府一直对其墓地进行维护修缮。三毛来的时候，墓地刚刚被修缮过，庄严肃穆。

三毛祭拜祖父的仪式，是在陈家墓地进行的。陈家的墓地在离故居不远的一座小山上，前一天刚下过小雨，道路泥泞不堪，三毛由人搀扶着走去陈家墓地。像在故居一样，一路上，三毛的泪一直没有停过。到了墓碑跟前，她顾不得脚下的泥泞，一下子跪在墓碑前。几十年的思念和牵挂，伴随着这一跪喷薄而出，她把脸贴在墓碑上，抚摸着上面的字："爷爷，我是平平，我回来看您啦！爷爷，我一辈子没和您讲过话，您过来同我讲讲话啊！"

她说了一遍又一遍，声音很大，飘散得很远。听着山谷中悲怆的回声，她相信，祖父一定能听到她的召唤。

她在碑前跪了很久才恋恋不舍地起身。起身之后又在坟上抓了一把土，装在一个小瓶子里。下山的时候，走到山下的水井旁，又舀了水。这两样是她带给父亲的礼物，父亲没回乡，但父亲也无时无刻不思念家乡。她要把家乡的水和土带给父亲，让远在彼岸的父亲，也可以一握乡土。

的确如三毛想的那样，父亲看到她带回的这两件礼物，先是惊

讶，后是感动，之后对这个女儿更是刮目相看，他没想到三毛说她一生在和自己战争，到头来还是她最懂自己，也最像自己。

三毛一直喜欢“好了”这个词。这次祖国之行，了却了她多年的心愿，祭祖归来，她心情大好，觉得完成了一件人生大事。

最后的恋歌

三毛小时候，也是一个十分可爱的小姑娘，喜欢颜色鲜艳的衣服，喜欢动听的歌。她的那个年代，流行的歌是《达坂城的姑娘》《半个月亮爬上来》《青春舞曲》《在那遥远的地方》，三毛也会哼唱，乐此不疲。而且，在她流浪的时候，她还把这些歌带到西班牙去唱，带到撒哈拉沙漠去唱，一唱唱了几十年。

这些歌的作者是王洛宾。

三毛从来没想过，自己有一天，会和这个作者产生关联。

1989 年的一天，三毛看报纸，看到一个女作者采访西部歌王的报道，一下子回忆起了那些被自己唱了很多年的歌。又顺着文章往下读，读到“每天黄昏，他都坐在门前看夕阳；天黑后，总要对着悬在古旧墙壁上的太太遗像，弹一首曲子给她听”时突然被惊到了，原

来这个世界上不仅有她和荷西这样的爱情，在中国的大西北，同样是黄沙漫漫的地方，还有一个这样痴情的人，在痴情地陪着他的另一半。

她感动了，决定拜会一下这个歌王。

心中一旦有了火苗，就没有办法熄灭。三毛辗转找到报道新闻的女记者要来了歌王王洛宾的地址。讨要的过程中，她知道了这个老人壮年丧妻，晚年在新疆收集民歌，整理歌词的同时也守候着亡妻。他一生多舛，却异常刚毅，当年喜欢上一个美丽的新疆女孩儿，只用了三天时间，就写下来这首脍炙人口的歌。

了解了这些，她由敬佩转为钦羡："这个老人太可爱了，也太凄凉了，我要写信安慰他。"她这样形容当时的心情。

她马上提笔给王洛宾写了一封信。写了信之后，她还是对他的事情很着迷，刚好她供稿的《明道文艺》有远赴甘肃敦煌和新疆吐鲁番的活动计划，她参加了，并讨来了给王洛宾送稿费的任务，来到王洛宾所住的城市乌鲁木齐，直接拜访了他的家。

此时的王洛宾正在房间里闲坐，忽然听到一阵敲门声。这个敲门声很轻，轻得好像唯恐惊吓了室内的人。在西北，很少有人这样敲门。王洛宾好奇地打开房门，只见一个身穿牛仔裤，戴着卷边帽，不漂亮，但很有风情的女人站在门前。他不认识这个女人，惊愕在门口。

“您好，王洛宾先生，我是您的歌迷。”知道王洛宾的惊愕，三毛热情地介绍自己。听到是自己的歌迷，王洛宾把她让进了屋内。作为写了上千首歌的老歌王，王洛宾不缺歌迷，但是这个歌迷，却让他心下一动，尤其是三毛摘下帽子和头巾，甩动一头长发的那一刻，他心动了，不仅心动，还有些恍惚，他觉得眼前这个充满异域风情的女子就是一个仙女。

歌迷自然是来听歌的。王洛宾给三毛唱了《达坂城的姑娘》《在那遥远的地方》，作为回馈，三毛给王洛宾唱了她写的《橄榄树》。之后两个人谈音乐，谈文学，虽然初次相见，却像相交多年的老友，没有一点隔阂，没有一点分歧，让三毛恍惚觉得坐在自己对面的，不是一个耄耋老者，而是一个心灵相通的人。

这种感觉让三毛和王洛宾相处愉快，同时也感到了时光短暂，正尽兴，已经接近了黄昏。三毛只得起身告辞。三毛好久没有这样尽情狂笑过了，从王洛宾的小屋里出来，她一直处在兴奋状态，哼着歌，欢快不止，她觉得自己和王洛宾找到了精神上的共鸣，王洛宾就是她的灵魂向导。

她有一点点喜欢上他了。

三毛从来都是敢想敢做的。思念如藤，回去不久，她开始给王洛

宾写信。她写道：闭上眼睛，全是你的影子。没办法，照片上，看我们的眼睛，看我们不约而同的帽子，看我们的手，还有现在，我家蒙着纱巾的灯，跟你，都是一样的。

写完，她把这封信寄了出去，寄了就开始盼回信。一个星期后，她接到回信。她没想到王洛宾能给自己回信，这封信让她充满了斗志，又写了一封。就这样，一封接一封，来来回回，从五月到八月，短短三个月的时间，三毛写了15封信之多，每封信都措辞热切，其中有一封，她这样写：万里迢迢，为了去认识你，不是偶然，是天命，没法抗拒的。

王洛宾收到了这些信，信中的言语，让历经沧桑的王洛宾一下子就明白了三毛心中的想法，他惊讶了，也惶恐了。初见时，他就觉得她与众不同，他没想到这个女子竟然这般热情如火又浪漫不羁，实在是太狂烈了。他被吓到了。

不是被三毛的所作所为吓到，而是被现实吓到，被以后的生活吓到。他77岁，三毛46岁，他们之间有一条30年之久的岁月之河，三毛又这样炽烈，他不敢想两个人的以后。他不是怕了这份爱，是不敢接受这份爱。

王洛宾明白，一个女人大胆说出爱，需要很大的勇气；他也知道，直接说拒绝会伤了这个女人，在写给三毛的回信中，委婉讲了一个故事：萧伯纳有一把破的不能用的旧伞，但是萧伯纳每次出门的时候还会带着它。他想用这个故事告诉三毛，自己就相当于萧伯纳手中的那把破伞，已经没有了作用。与此同时，他减少了回信的次数。

三毛苦等苦盼，却收到这样一个故事，心里有一点难过。但她明白，王洛宾想的是对的，两个人之间有许多禁忌。可是她三毛什么时候被这些禁忌束缚过呢？她要再去一次新疆，亲口告诉王洛宾，在她这里，没有禁忌，只有愿意。

机会终于来了，九月的时候，她参加编写的电影剧本《滚滚红尘》要到北京取景拍摄，作为编剧，她应邀前往。这是一个绝好的机会，她先到北京完成了工作，之后取道陕西，去了乌鲁木齐。这次她带了很多喜欢的衣物，直接住进了王洛宾的家里。

王洛宾对三毛的突然造访吓了一跳，但还是有些开心，去买了单人床、书桌和台灯，又带着三毛去了天山牧场策马扬鞭，他是想让三毛感受一下大西北的风情。谁知道，和他策马扬鞭时，三毛感受到的却是和荷西在沙漠携手的浪漫。和荷西在一起的时候，他们也曾这样在沙漠里狂奔，也曾这样肆无忌惮地笑闹，脚下也有这样的沙，耳边也有这样的风。

她醉倒了。

从天山回来之后，三毛便住在了王洛宾的家里，像普通的女人一

样，穿着从乌鲁木齐买来的民族服饰，给王洛宾洗衣做饭，煮酒烹茶，闲了两人对酒当歌，闲话桑麻，快乐而惬意。多久没有这样纵情过了，多久没有这样快乐过了？三毛不知道，只知道很久了，久得好像有半个世纪。而现在，那种久违的快乐，又回来了，她高兴得像个孩子。她希望时间就此凝固，她永远住下去，永远这样快乐下去。

然而，她忘了，王洛宾是名人，她也是名人。公众是不能让名人这样安静待着的。当地媒体给王洛宾拍宣传片，看到了三毛，像见到了宝贝，非要拉她去采访、拍片。原本她就不喜欢这些，现在自己又是来这儿生活的，没做这方面的准备，对此更不感兴趣，把目光投向王洛宾，希望他能阻止，谁知王洛宾不但没有理会，反而劝慰她好好和对方合作，她感到非常失望。她原本把王洛宾当成自己的灵魂伴侣，因为她感觉王洛宾能懂她，这样看王洛宾不懂她，懂她的只有荷西。她的荷西，从来不让她做自己不喜欢的事；她的荷西也知道，她最讨厌这样的事。荷西才是她真正的灵魂伴侣，王洛宾不是。

她有点后悔。又在王洛宾家住了几天之后，她带着物品离开了。没说原因，也不用说原因，不适合就是不适合，不爱就是不爱，果断抽离就好。

一个西北歌王，一个台湾才女，没说原因，就给了人无限猜想。有人说，两人习惯不合，有人说两人性格不合，有人说两人只是一段纯粹的朋友之交。这些都有可能，但所有都是猜测。三毛本身就是一个有自己想法的人，除了她本人，没人能给出正确答案，她爱没爱过王洛宾，这个答案，只有她自己知道。倒是王洛宾，非常后悔对她的冷淡，在听到三毛噩耗的时候，写了一首《等待——寄给死者的恋歌》：你曾在橄榄树下等待又等待，我却在遥远的地方徘徊再徘徊，人生本是一场迷藏的梦，且莫对我责怪。为把遗憾赎回来，我也去等待，每当月圆时，对着那橄榄树独自膜拜。你永远不再来，我永远在等待，等待等待，等待等待，越等待，我心中越爱。

从新疆回来之后，三毛的心情有些许低落。但东边不晴西边晴，金马奖传来好消息，她编写的剧本《滚滚红尘》获得了八项大奖。一个剧独拿八项奖，是难得的殊荣，前所未有。这真是一件天大的好事。一件值得庆祝和高兴的好事，却没给三毛带来太多的喜悦，她的母亲住院了，子宫内膜癌。三毛需要去照料，没几日她也因为子宫内膜炎症住进了医院。

这虽然是一个小小的病症，却让她非常惶恐，她怀疑自己也得了和母亲一样的病，去做了检查，结果在喉内、胸部和子宫都查出了癌细胞，三毛的心一下子沉到了谷底。她不怕病，她这一生中，经历了

大大小小的伤痛，住院已是常事，她一生积蓄不多，怕连累父母为她支付治疗费用。1 月 4 日凌晨，在检查出结果一天后，她在医院卫生间，用一条丝袜结束了自己的生命。

事情太过突然，三毛的离开成了一个谜。有人说，她的一生，被疾病折磨得过于辛苦，她又将一切看淡，这场离开，是策划好的结局；有人说，她三次殉情，荷西的离开，让她觉得整个世界天塌地陷，这个结局是必然，荷西离开那一天她的心已死，她痛苦地多活了十几年；也有人说，她常年服用安眠药，可能服药过多致幻而自杀。真是众说纷纭。

我希望是后者，因为她是那样热爱生活，热爱生命，在荒芜的沙漠都能打造出一片世外桃源，不可能这样狠心离开，这个世界上，虽然没有了她挚爱的荷西，但是还有父母，她说过会做一只不死鸟，最后离开人世，她从不食言。

然而，她一封寄给倪竹青的信推翻了这个结论。信中她亲笔写道：叔叔婶婶不要怕，是腺癌，我不能叫老父为我承担药费……寿衣也很好，我打算做几件。

信是 1991 年 1 月 2 日寄出的，她离开的前两天。这封信是她真正的绝笔信。这封信告诉人们，她虽然深爱着这个世界，但还是选择了离开。很多人不愿意相信这个真相，她那样热爱生活，怎么能说离开就离开。很多人不愿意接受这个事实，去试图追寻她离开的真相。然而，无论真相如何，事实便是事实，三毛还是离开了，留在世间的，只有她的文字和她的传说。